Ksawery Pruszyński

Ecrits choisis
(1939-1946)

KSAWERY PRUSZYŃSKI

Ecrits choisis (1939-1946)

TRADUITS DU POLONAIS ET ANNOTES
PAR RICHARD WOJNAROWSKI

Ouvrages du même auteur et / ou traducteur :

Aux Editions Complicités

Stefan Żeromski
- Histoire d'un péché (Dzieje grzechu) *ISBN 9782351202067*

Aux Editions BoD

Richard Wojnarowski
- Du néant à la physique, Nouvelle édition 2017
  ISBN 9782322081714
- Quelques commentaires au De Rerum Natura de Lucrèce
  ISBN 9782322208425

Adam Mickiewicz
- Messire Thaddée (Pan Tadeusz) *ISBN 9782322252756*

Władysław Stanisław Reymont
- La Comédienne (Komediantka) *ISBN 9782322155712*
- La Révolte (Bunt) *ISBN 9782322377695*

Bolesław Prus
- Les Enfants (Dzieci) *ISBN 9782322400492*

Virgile
- L'Enéide, Première partie (Chants I à VI)
  ISBN 9782322398591
- L'Enéide, Deuxième partie (Chants VII à XII)
  ISBN 9782322423064

Józef Ignacy Kraszewski
- Morituri *ISBN 9782322481736*
- La Rome sous Néron (Rzym za Nerona) *ISBN 9782322505050*

Stefan Żeromski
- Le Pré-printemps (Przedwiośnie) *ISBN 9782322506514*

Ksawery Pruszyński
- La Palestine pour la troisième fois (Palestyna po raz trzeci)
  ISBN 9782322524563

© *Richard Wojnarowski*

 **Ksawery Pruszyński** naît en 1907 dans une famille de propriétaires terriens en Volhynie, aujourd'hui en Ukraine occidentale. Son père Edward est assassiné en 1911. En 1918 sa famille quitte la Volhynie et ses terres à la suite des troubles occasionnés par la Révolution bolchevique, et sa mère vient s'établir à Cracovie. Il effectue ses études secondaires au collège jésuite de Chyrów et entame des études de droit à l'Université Jagellone de Cracovie. Il s'engage dans un mouvement de jeunesse universitaire prônant un Etat polonais renouant avec l'histoire de la Pologne, supranational et conservateur, reposant sur un pouvoir fort. Il devient, avec son frère Mieczysław, un cadre dirigeant local de cette organisation. Il s'oppose en particulier au nationalisme ethnique et à l'antisémitisme ambiants. Parallèlement à ses études de droit, il entreprend une collaboration technique et littéraire avec la revue *Czas* (« Le Temps »). Il obtient son diplôme universitaire en 1931.

En 1932, il effectue pour le compte de différents journaux un reportage sur Gdańsk (Dantzig) qui lui inspire son premier livre *Sarajewo 1914 – Shanghai 1932 – Gdańsk 193?*, dans lequel il laisse pressentir un affrontement européen lié à la situation conflictuelle régnant dans la Ville libre. Il quitte Cracovie pour Wilno en 1933 pour collaborer avec la revue *Słowo* (« La Parole ») et épouse Maria Meysztowicz, également fille de propriétaires terriens. Il part cette même année réaliser un nouveau reportage, en Palestine cette fois, et remboursera ses frais de voyage avec les honoraires dudit reportage, qu'il intitule *Palestyna po raz trzeci* (« La Palestine pour la troisième fois »).

A partir de 1934 il poursuit son activité journalistique à Varsovie et fonde même une éphémère revue, *Problemy* (« Problèmes »). Il part une nouvelle fois en tant que reporter pour suivre la Guerre d'Espagne en 1936, du côté des troupes républicaines : ses reportages sont regroupés dans son livre *W czerwonej Hiszpanii* (« Espagne Rouge »), paru en 1937, qui recevra un très bon accueil, malgré les critiques de certains milieux conservateurs. Son activité de reporter l'amène également dans d'autres pays européens (Allemagne, Tchécoslovaquie, Yougoslavie, Grèce, Danemark).

En Pologne il mène une activité politique axée sur les problèmes du chômage, des minorités nationales, de l'antisémitisme, du mouvement paysan, de la montée du totalitarisme, et s'oppose au mouvement nationaliste *Obóz zjednoczenia narodowego* (« Camp de l'Union Nationale »). Tout en restant fidèle à ses convictions antisocialistes, il prône un libéralisme démocratique. Ses reportages en Pologne sont rassemblés dans son livre *Podróż po Polsce* (« Voyage à travers la Pologne »), paru également en 1937.

Il traduit en polonais « L'été 1914 » de Roger Martin du Gard, et « L'Espoir » de Malraux.

En 1938, il revient à Cracovie avec sa famille. L'invasion de la Pologne par l'Allemagne en 1939 l'oblige à quitter le pays pour rejoindre la France, où il se retrouve au Camp militaire de Coëtquidan, dont il sortira avec le grade d'aspirant. Il séjourne à cette époque avec d'autres compatriotes dans le village breton de Comblessac. Il rejoint les troupes polonaises combattant aux côtés des Forces alliées et participe à la bataille de Narvik en Norvège. Après la défaite de juin 1940, il se met en retrait de l'armée et engage une campagne de publiciste en soutien du général Sikorski, premier ministre du gouvernement polonais en exil à Londres. Il publie ses souvenirs de la campagne de Narvik *Droga wiodła przez Narwik* (« La route passait par Narvik ») ainsi que deux brochures en anglais, *Polish invasion* (« L'invasion polonaise ») et *Poland fights back* (« La Pologne contre-attaque ») destinées à faire connaitre son pays au public anglo-saxon.

Après l'invasion de la Russie par l'Allemagne en juin 1941 et le rétablissement des relations diplomatiques entre l'Union soviétique et le gouvernement polonais en exil, il est nommé attaché de presse de l'ambassade polonaise en URSS et séjourne à Moscou et Samara en 1941-1942, où il noue des contacts avec des communistes polonais. Après avoir été atteint du typhus, il revient à Londres en 1942 et prend part aux polémiques déchirant les instances dirigeantes de l'émigration polonaise. Il prône dans ses écrits une politique de collaboration pragmatique avec la Russie soviétique contre l'ennemi allemand. Parallèlement, il écrit une série de nouvelles qui seront regroupées et publiées en 1946-1948 dans les recueils *Trzynaście opowieści* («Treize récits») et *Karabela z Meschedu* («Le cimeterre de Mesched»).

En 1944 il reprend du service armé et participe aux combats du Débarquement des Forces alliées en Normandie, notamment à la bataille de Falaise, où il est grièvement blessé. Après un long séjour dans les hôpitaux anglais, il rentre en Pologne en septembre 1945 et intègre les services diplomatiques du gouvernement de la République populaire.

Il participe à ce titre à la commission de l'ONU pour la Palestine et dirige la sous-commission chargée de définir les frontières du nouvel Etat d'Israël, qui seront votées le 29 novembre 1947.

Depuis son livre «La Palestine pour la troisième fois», la boucle est bouclée...

Il est nommé en 1948 ambassadeur extraordinaire et ministre plénipotentiaire à La Haye et poursuit en parallèle une activité de publiciste et d'essayiste. Son *Opowieść o Mickiewiczu* («L'histoire de Mickiewicz») sera publiée post-mortem en 1956.

Le 13 juin 1950, alors qu'il se rend en voiture à Varsovie, il est victime d'un accident de la route et décède lors de son transport à l'hôpital.

Je dédie cette traduction à mes camarades de Faidherbe

L'AMERIQUE ENTRERA-T-ELLE EN GUERRE ?[1]

Tendances guerrières et tendances pacifistes de l'autre côté de l'Océan

Cracovie, le 4 juin

Le journaliste polonais qui en ce mois troublé de mai 1939 a eu la possibilité de passer quelques semaines aux Etats-Unis pourrait raconter bien des choses sur l'Exposition de New-York, son pavillon polonais (entre parenthèses très réussi), l'émigration polonaise américaine, la politique de Roosevelt, les expériences de l'Amérique en matière d'économie et, plus généralement, parler abondamment de ce pays gigantesque et riche, dynamique et jeune, incompris et mal connu. Mais en Europe, on posera avant tout à ce journaliste la seule question qui importe en ce moment :
— Est-ce que les Etats-Unis bougeront en cas de guerre en Europe ?
— Est-ce que, comme en 1916, ils consentiront à soutenir les adversaires des nouveaux « Etats centraux » ?
Que la participation des Etats-Unis à la prochaine Guerre soit déterminante pour son issue, personne aujourd'hui n'en doute dans le monde. Les Etats-Unis représentent, à tout point de vue, un tel vivier de forces humaines, une telle réserve de matières premières, indispensables à la guerre, un tel « atelier du monde » quant à la densité de leur

---

[1] Article paru en 1939 dans l'IKC (*Ilustrowany Kurier Codzienny*, « Courrier Quotidien Illustré »), quotidien politique à grand tirage publié à Cracovie dans les années 1910-1939.

tissu industriel, que chacun de ces facteurs pris individuellement serait à lui seul suffisant, surtout si on a à l'esprit les puissances que sont la France et la Grande Bretagne. En 1918, lorsque pour la première fois dans l'histoire ils décidèrent du sort de l'Europe, les Etats-Unis, bien que puissants, ne jouaient pas encore ce rôle prédominant qui est le leur aujourd'hui.

Mais ce grand pays consentira-t-il à entrer en guerre ?

Est-ce que les affaires européennes l'intéressent autant que cela ?

Est-ce que les difficultés internes de l'Amérique ne détourneront pas l'attention des Américains de ces lointains différends d'outre-océan ?

Est-ce que d'aventure l'Allemagne, en comptant et espérant que les Etats-Unis refusent de s'engager dans une seconde guerre européenne, n'aura pas finalement raison ?

C'est la question que toute l'Europe pose aujourd'hui à l'Amérique. A Washington et à New York, dans les grandes villes et en province, on peut rencontrer partout des journalistes français, anglais, hollandais, suisses, belges, scandinaves, envoyés pour sonder l'opinion américaine, pour trouver une réponse à cette question si importante pour toute l'Europe. A tout le monde, partout, toujours, sous cette forme ou sous une autre, ils posent à présent cette seule et unique question :

— Les US entreront-ils ou non en guerre ?

Aujourd'hui, ni la splendeur de l'Exposition, ni les innovations de Roosevelt, ni l'opposition qu'il rencontre de la part de Wall Street, du monde de la Bourse, ni aucune autre question relative à l'Amérique, n'intéressent autant le lecteur européen. Ne l'intéresse que cette seule et capitale question. C'est pourquoi, avant de parler de l'Exposition et du New Deal, de l'émigration polonaise et de l'Amérique, des grands gratte-ciel, des drugstores et de Father Divine[2], il faut parler de cela,

---

[2] Alias Gorge Baker (1876-1965), leader spirituel afro-américain, militant antiségrégationniste, qui se présentait comme « le Messager », l'incarnation de Dieu.

oui de cela.

Les premiers jours d'enquête s'avèrent décevants. On se dit alors :
— Ces gens ne veulent pas de guerre, ils n'entreront pas dans une guerre européenne, car pourquoi le feraient-ils ? Ils haïssent certainement Hitler et le totalitarisme, mais que ce soit Hitler, le totalitarisme, et toutes les affaires européennes, ce sont là des choses bien lointaines, des échos qu'amortit le bruit de l'océan, pour lesquels le vaste Atlantique fait office d'atténuateur spatial. Peut-être même que les affaires chinoises leur sont plus proches et les concernent davantage ? Non, notre sort n'est pas le leur. En ces années sanglantes, notre sort se décidera en dehors d'eux, sans eux.

Telle est la première, mais tenace impression que l'on retire d'un séjour en Amérique. Chaque personne rencontrée ici est contre Hitler, mais encore davantage contre la guerre. Vous ne verrez aucun article explicite, n'entendrez aucun discours au Congrès, aucune allocution lors d'un meeting ou d'un banquet, en faveur de la participation des Etats-Unis à la guerre susceptible d'éclater. L'unanimité de l'opinion américaine concernant ces affaires semble inébranlable, bien ancrée, formelle. Mais il faut examiner en profondeur l'équilibre des forces dans ce pays, rechercher les centres décideurs, les centres d'influence, les pouvoirs, pas toujours issus de la constitution, pour voir qu'il peut en être autrement. Dès à présent, des agents travaillent et des facteurs sont à l'œuvre, faisant que l'Amérique ne peut rester longtemps neutre.

Les Etats-Unis, en effet, sont un pays où les grandes décisions interviennent comme la synthèse, la résultante de forces provenant :
a) de plusieurs centres de décision indépendants les uns des autres,
b) de l'opinion générale au sein des masses.

Il existe des pays dirigés par un seul centre de décision, et des pays où l'opinion générale n'a en fait pas son mot à dire. Aux Etats-Unis c'est encore autre chose. Ici on a à la fois certains centres de décision bien cristallisés qui agissent, et l'opinion générale des masses qui réagit aux moments-charnière. Et le constat de cette répartition des forces commande de supposer que ce que nous appelons ici « centres de décision » tient la guerre comme nécessaire, tandis que ce que nous appelons « opinion des masses » se fait cependant chaque jour davantage à l'idée d'une guerre mondiale.

Les centres de décision. Aux US aujourd'hui, comme il en va depuis plusieurs dizaines d'années, il y a deux principaux « centres de décision ». L'un représente l'Etat américain, l'autre l'économie américaine. L'un réside à Washington, à la Maison Blanche, l'autre à New York, dans les tortueux canyons de Wall Street. Parfois ils sont d'accord, parfois se disputent. Le premier centre c'est le président Roosevelt. Cet homme est resté très populaire au sein des masses. Et, indubitablement, la politique du président Roosevelt, bien que mesurée et pacifiste, est une politique d'implication dans les affaires européennes. C'est la raison pour laquelle ses adversaires de l'intérieur et ceux de l'extérieur, les Allemands, voient constamment en lui un partisan de l'intervention des US en cas de conflit armé en Europe.

Comment expliquer cela ? De toutes sortes de façons. Peut-être par l'idéalisme américain, l'aversion à la dictature et au totalitarisme, peut-être par le désir de dissimuler derrière des affaires à l'étranger des soucis et déconvenues internes, peut-être par rapport aux intérêts des Etats-Unis sapés par l'Allemagne en Amérique du Sud et au Mexique. Quoi qu'il en soit, Roosevelt n'est pas partisan d'une non-ingérence dans les affaires européennes. Le second centre de décision est Wall Street, le monde du capital privé. Ce monde combat le Président avec acharnement car celui-ci a introduit en Amérique une législation sociale, des assurances pour les ouvriers, beaucoup d'aménagements socialistes et européens. Mais la pomme de discorde entre Roosevelt et Wall Street est l'affaire du chômage.

Le chômage est aujourd'hui un phénomène structurel en Amérique, indépendamment de toute *prosperity*, de toute conjoncture.

Mais le chômage est une offense à l'opinion américaine. Il rappelle que tout ne marche pas comme il le faudrait. Roosevelt impute le chômage aux capitalistes car ceux-ci depuis plusieurs années n'investissent plus, ne dépensent plus, ne créent plus de nouvelles usines, de nouveaux emplois. « Comment pouvons-nous créer cela — gémit en réponse le « Léviathan » américain — si les lois sociales de Roosevelt, en nous obérant d'énormes charges, rendent tout investissement non rentable ? » Voilà, en gros, en quoi consiste la lutte actuelle entre la Maison Blanche et la rue du Mur. Qui rejettera sur qui la responsabilité du chômage ? Et voilà qu'en ce moment il y a une branche de l'industrie qui travaille à plein pot, fonctionne à plein gaz, à trois postes et à 100 %.

C'est la production d'avions et d'armement.

Depuis plusieurs mois déjà l'industrie des Etats-Unis exécute à marche forcée les commandes anglaises et françaises. Toutes des commandes d'armement. Sans la menace d'une guerre européenne, ces commandes n'existeraient pas. La menace d'une guerre diminue en Amérique le spectre du chômage. Et le chômage est une chose redoutable pour les gouvernants de ce pays. Pour les gens de Wall Street comme pour l'homme de la Maison Blanche.

Et il y a enfin l'opinion américaine.

Cette opinion est contre la guerre, car l'opinion de toute société libre est contre la guerre, car même les masses en Allemagne sont aujourd'hui contre la guerre, sauf qu'en Allemagne les masses n'ont rien à dire, contrairement à l'Amérique. Mais voilà qu'en ce moment les informations dans la presse, les nouveaux livres, les nouveaux films travaillent déjà dans le sens de l'opinion américaine. Au cours de mon séjour à New York, 18 films de guerre ont été projetés, avec les champs de bataille des Flandres et de Champagne, des *poilus*[3] français combattant aux côtés de boys américains et de marines anglais. La guerre dans ces films est une triste, héroïque nécessité. Et plus le film est récent, plus il est frais émoulu, plus l'héroïsme et la grandeur suintent de l'écran. Les vitrines des librairies regorgent de nouveaux livres.

---

[3] En français dans le texte.

Cinq livres sur l'espionnage allemand en Amérique. Les tomes s'enchaînent à propos des intrigues allemandes pendant la guerre mondiale. On rappelle d'une façon vivante, avec art, l'impressionnant torpillage de navires, le combat des sous-marins, le « Lusitania ». Oui, justement « le Lusitania »[4].

Chaque discours d'Hitler, tout nouveau différend frontalier, préparent l'opinion américaine à la guerre. Elle est conditionnée par l'évocation de l'autre guerre, évocation sublimée aujourd'hui par les livres, les films. Et ce qu'attend encore l'opinion américaine, c'est vraiment une grande secousse. De même qu'un moteur thermique attend l'étincelle qui provoquera l'explosion de l'essence, qui sera elle-même suivie d'autres, en chaîne. Pour que l'Amérique entre en guerre comme un seul homme, il faudra une secousse.

Quelle peut être cette secousse ?

Tout. Le bombardement de grandes capitales européennes par des escadres allemandes, l'avancée des armées hitlériennes en Europe, Londres ou Paris menacés, le torpillage d'un navire neutre, peut-être le bombardement d'un hôpital. On ne sait pas quelle peut être cette secousse. La seule chose que l'on sait, c'est que la guerre apporte de telles secousses par centaines. Peut-être pas tout de suite, peut-être pas dans un premier temps. Le moteur américain finira bien par s'allumer et se mettre en branle. Oui, il se mettra en branle. Pour aujourd'hui, l'économie américaine travaille pour le compte des armements français, britanniques, antiallemands. L'Amérique ne restera pas neutre.

« IKC » 1939, n° 153.

---

[4] Paquebot transatlantique britannique torpillé par un sous-marin allemand en mai 1915. Ce torpillage qui causa la mort de 1200 passagers, dont 128 de nationalité américaine, contribua à faire basculer l'opinion américaine en faveur de l'entrée en guerre des Etats-Unis.

La Pologne avant et après la Seconde Guerre mondiale

VIS-A-VIS DE LA RUSSIE[5]

Quand on arrive de Russie, on est assailli de tout un tas de questions, posées avec toutes sortes d'arrière-pensées et par toutes sortes de personnes. Après plusieurs jours de ce jeu de cache-cache, on finit par faire le tri de ces questions et par les classer en fonction de leur coloration. Il y a des questions grises, grises du fait de la mortelle banalité de leur contenu (« Alors, c'est comment là-bas en Russie ? Simplement en quelques mots... »). Il y a aussi des questions rouges, gonflées du sang de la lutte là-bas, débordant de crainte (« C'est pour bientôt, monsieur, pour bientôt ?... Car ils sont déjà à Stalingrad... »). Il y a enfin des questions noires, imprégnées de la sépia de l'amertume la plus amère, et puis il y a aussi des questions jaunes, des questions empoisonnées, de la couleur vert-de-gris du pharisien. (Dans notre petit ghetto londonien, ce sont les plus fréquentes). Des questions-pièges. Si je réponds que l'Armée Rouge est formidable, tel sycophante, après m'avoir cordialement remercié, va colporter cela arrangé à sa propre sauce, avec ce commentaire catégorique : « Il s'est bolchevisé jusqu'à la moelle. » Si je réponds que les difficultés économiques de la Russie sont énormes, le sycophante en déduira que je désire voir Hitler triompher. Mais en plus de toutes ces questions, il en est encore d'autres vibrant d'une limpide sincérité. Il y a des gens qui veulent vraiment savoir ce qu'il en est, à quoi s'attendre, qu'espérer, que craindre, de quoi se réjouir. Il existe tout de même des gens qui ne pensent pas la Russie en concepts bardés de clichés, mais qui collectent

---

[5] Article paru en 1943 dans le journal clandestin *Wiadomości Polskie* (« Nouvelles polonaises) publié par le Bureau de l'Information et de la Propagande (BIP) rattaché à l'*Armia Krajowa* (« Armée de l'Intérieur »), bras armé du Gouvernement polonais en exil à Londres.

soigneusement chaque impression, comme on collecte sur les étagères d'une bibliothèque les livres consacrés à un même sujet. Il existe des gens qui ne veulent pas d'opinions toutes faites, mais qui veulent se forger la leur en s'aidant de celle d'autrui. Ces gens tranquilles, sans hystérie, sans suspicion, écouteront jusqu'au bout toute relation qui, à leur avis, mérite d'être écoutée, sans en transformer le sens. Ces gens, s'agissant de Polonais, ont certainement leur propre vision de la Russie, point n'est besoin ici de remonter au déluge. Peut-être, cependant, accepteront-ils volontiers de prêter attention à certaines retouches, retouches qui assombriront certaines couleurs de leur vision et en rehausseront d'autres.

L'armée soviétique

Ce que j'écris ici n'est peut-être qu'une première esquisse de certaines idées ou remarques issues de mon expérience soviétique d'une année, destinée à dire plus rapidement ce que je considère comme important. Ce qui vaut la peine d'être évoqué en premier (et qu'il conviendrait ensuite de développer dans tout un cycle d'articles spécifiques), c'est ce qui a trait à l'armée soviétique. Il est à craindre que celle-ci ne soit pas estimée à sa juste valeur, comme elle le mérite pleinement. La guerre qui se traîne en longueur, le manque de succès décisifs, la fin du « blitzkrieg » — tout cela, nous l'expliquons trop souvent par le climat et la géographie, l'espace et l'immensité. C'est une très grande erreur. Effectivement, l'espace et le climat ont joué leur rôle pour arrêter les Allemands, ces facteurs, en effet, n'ont pas été négligés par l'état-major de Staline, mais exploités par des gens intelligents, modernes, audacieux, au fait de leur métier. Le char soviétique, l'avion soviétique, le pistolet mitrailleur soviétique, sont bons, mais le meilleur c'est le soldat soviétique. Ou plutôt pas tellement le soldat, mais l'officier soviétique. J'ai parfois soutenu, écrivant au sujet d'autres armées, que c'étaient leurs éléments de base qui me semblaient les plus valeureux, mais dans le cas soviétique je serais plutôt d'un autre avis. Le chef soviétique (je ne dirai pas « l'officier », car ils ne reconnaissent pas ce terme) me paraît de qualité supérieure au soldat soviétique moyen, qui est plutôt passif, obéissant, avec une initiative plus limitée que chez nous. Le chef soviétique donne l'impression d'un homme à l'esprit vif, ayant des connaissances militaires à la fois modernes et d'un bon niveau, d'une audace indubitable, mais raisonnée. En Russie, comme partout dans le monde, on entend beaucoup de lieux communs, mais presque toute discussion avec un officier soviétique vous frappe par l'intelligence de votre interlocuteur, l'autonomie de ses idées, la robustesse de son raisonnement. C'est sans aucun doute dans les rangs de ses officiers que la Russie soviétique a concentré son meilleur capital humain, le plus valable actuellement disponible. Je ne saurais anticiper sur le développement de la bataille du Caucase, ou sur l'issue de la campagne de l'Est, mais je peux dire une chose à ceux pour qui j'écris ce « rapport russe », à savoir les lecteurs des « Nouvelles polonaises » : « Messieurs, ces gens un jour gouverneront la Russie. » J'ignore quand cela arrivera, sous quel pouvoir, j'ignore si à ce moment-là on édifiera de nouvelles églises orthodoxes ou bien si l'on transformera les dernières qui existent en boutiques et cantines ; il n'y a pas de force au monde qui en Russie puisse tirer un trait sur la révolution d'Octobre, mais son évolution peut encore emprunter différents chemins, car seules les choses mortes ne connaissent pas de métamorphoses ou de transformations. Ce qui est certain c'est que seuls ces gens gouverneront la Russie dans quelques années, car il n'y en a pas d'autres. Evidemment, cela ne se produira pas du tout sur la base de quelque légende, cela ne se passera pas en vertu de ce point de vue bizarre qui voudrait que la patrie après la guerre récompense quelqu'un au prix fort en lui remettant le pouvoir. La Russie est un Etat trop moderne pour que puissent s'y loger des points de vue à la mexicaine ou à l'albanaise. Ces gens arriveront au pouvoir en Russie parce qu'eux seuls disposent dans cet immense pays de toutes les indispensables compétences pour cela, et qu'il n'y a personne en dehors d'eux. L'audace, l'intelligence, la formation, le sens de l'organisation, la fibre sociale, la jeunesse, l'énergie, même l'expérience — tout milite en leur faveur. Il est clair que je ne prévois pas la restauration des

Romanov en Russie, mais quand bien même cela arriverait, on peut dire qu'elle devrait s'appuyer sur ces gens, de même qu'en France les Bourbons après la chute de Napoléon ne pouvaient se passer de ministres jacobins et de préfets de Napoléon. Le parti communiste le sait parfaitement — aussi enrôle-t-il ces gens par centaines dans ses rangs, Hitler aussi le sait — et sa propagande radiophonique (ainsi que, paraît-il, sa politique dans les camps de prisonniers) en tient compte. Il serait mal venu que chez nous qui sommes les plus proches voisins de la Russie, ces gens qui décideront du sort de la Russie ne suscitent pas d'intérêt.

Et par ailleurs, je me suis occupé trop sérieusement ces dernières années de questions militaires pour considérer cette armée uniquement en tant que civil, Polonais, et ne pas la considérer en tant que militaire d'une autre armée, et récemment *last not least* — aussi... officier. Cet officier soviétique frappe par la simplicité de son comportement, la louable sobriété de ses manières, son rapport à l'homme du rang, sa modestie. A Téhéran par exemple, où dans les rues se promènent des représentants de différentes armées, l'officier soviétique est presque invisible, presque imperceptible. Il émane de lui une modestie proprement républicaine, quelque chose qui, dans les rues de Tchkalov[6] ou de Syzran[7] nous rappelle parfois les vieux récits de Stendhal à propos de ces armées de la Révolution française en uniformes peu reluisants et aux chaussures éculées, ces armées qu'un certain jeune général au teint pâle et au nom italien, corse, précipitait, telles des aigles, du haut des Alpes sur la plaine lombarde.

---

[6] Nom donné de 1938 à 1957 à la ville russe d'Orenbourg, en hommage au pilote d'essai Valeri Tchkalov. Après l'invasion allemande de 1941, plusieurs usines furent évacuées dans cette ville située à plus de 1200 km de Moscou.
[7] Ville du district de Samara (alias Kuibyshev), située à quelque 900 km au sud-est de Moscou, où se trouvaient de nombreuses usines du complexe militaro-industriel soviétique, et qui hébergea des missions diplomatiques d'Etats étrangers en 1941-1943. Il était prévu de déplacer la capitale de l'URSS à Kuibyshev en cas de prise de Moscou par les troupes allemandes.

VIS-A-VIS DE LA RUSSIE

Nos compatriotes

Le professeur Kot[8] a bien fait d'emmener avec lui, au grand dam de nos diplomates, un artiste qui est le Goya anglais de cette guerre : Topolski[9]. (Dommage que nos autres intervenants en Russie n'aient pas apprécié ce dessinateur à sa juste valeur et qu'en dépit de tous les efforts de Topolski il ne soit pas entré davantage de choses de Pologne dans son album de dessins de Russie.) Mais cette quinzaine de silhouettes de soldats polonais de Russie en dit davantage au monde et à la postérité que n'importe quelle plume, que n'importe quelle relation. On y retrouve la pathétique mélancolie de Grottger[10]. Wojciech Kossak[11] a montré tout le panache de l'ancienne armée polonaise. Je pense cependant que c'est Topolski qui a touché le fond de la vérité et rendu ce qui, depuis plus d'un siècle, malheureusement, constitue l'essence de nos entreprises guerrières : le tragique, l'infini tragique d'entreprises dans lesquelles un mélange de courage et d'esprit de sacrifice va se convertir en cendres de quelque holocauste hellénique, et rarement atteindre la consistance de la victoire.

En général, la prison est plutôt une piètre école de vie, parfois il en sort des illuminés, plus rarement des gens pratiques. Pour ce qui est des spécialistes de la Russie, il est à craindre énormément que ceux

---

[8] Stanisław Kot (1885-1975), membre du Gouvernement polonais en exil, ambassadeur de Pologne à Moscou de 1941 à 1942.
[9] Feliks Topolski (1907-1989) est un peintre et illustrateur polonais ayant vécu à Londres à partir de 1935. En 1938 Bernard Shaw lui demanda d'illustrer une nouvelle édition de ses livres ; il accompagna en tant que peintre correspondant de guerre l'armée du général Anders en URSS.
[10] Artur Grottger (1837-1867), peintre et dessinateur romantique, patriote polonais connu pour ses dessins illustrant l'insurrection de 1863.
[11] Wojciech Kossak (1856-1942), artiste peintre polonais, né à Paris, filleul d'Horace Vernet, a peint des scènes de guerre de l'époque napoléonienne et de l'insurrection de 1830-1831.

qui maintenant sont revenus de Russie, aient une connaissance avérée de celle-ci. Il faut se rappeler que ces gens connaissent la Russie unilatéralement, à savoir du côté carcéral. Et la prison jamais et nulle part ne dispose les gens positivement à l'égard du pays dont ils ont expérimenté le système pénitentiaire. Un Polonais qui aurait passé ces deux années dans des prisons anglaises ne serait pas particulièrement chaud partisan de la Grande-Bretagne, un Polonais qui jugerait de l'ensemble de ce pays sur la base de ses observations carcérales ne passerait pas à nos yeux pour un connaisseur du sujet. Il ne fait pas de doute que la Russie soviétique se porte, du point de vue militaire et organisationnel, beaucoup mieux que nous ne le pensions tous ou presque tous. Ce fait devrait nous inciter à réfléchir plus sérieusement.

[...]

J'ai voulu partir en Russie comme journaliste, on m'y a envoyé comme diplomate, mais le travail de notre ambassade avait un caractère très éloigné d'une activité diplomatique normale. C'était plutôt une vaste opération de sauvetage qui, dans un pays grand comme un sixième du globe terrestre, recherchait, ramassait et sauvait d'une manière ou d'une autre une masse de gens si imposante que, sans doute, jamais aucune opération de sauvetage, jamais aucune grande action humanitaire, n'avaient pris semblable envergure. Tel était, me semble-t-il, le véritable sens de notre députation à Moscou. Faire le bilan de cette députation serait certainement prématuré, mais on peut dire en résultat qu'après une année, cent et quelques dizaines de mille de personnes se sont retrouvées hors des frontières de la Russie, et que des centaines de mille ont quitté les prisons, les camps ou colonies, ou encore ont retrouvé la liberté de se déplacer. Si l'on ajoute que parmi ces plus de cent mille[12] on trouve plusieurs divisions, quelques dizaines de mille de soldats, que grâce à cela nous disposons à nouveau d'une véritable armée, ce fait acquiert une importance d'autant plus

---

[12] ...évacués hors d'URSS : ils formeront le vivier de l'armée du général Anders.

considérable. Mais, sans pour autant minimiser en quoi que ce soit cette importance, il faut dire que la mission en Russie avait avant tout le caractère d'un sauvetage. Sauvetage grâce aux vêtements, médicaments et interventions, soins, aides financières, grâce aux orphelinats et maisons pour invalides, grâce aux cantines militaires, grâce aux livres et écrits en langue polonaise. Sauvetage de l'enfant polonais, de la femme polonaise, du soldat polonais. Sauvetage du citoyen polonais. L'ambassade elle-même, où sept et même une dizaine de personnes dormaient dans une même pièce, où pour une ration alimentaire il y avait quatre ventres bien affamés, aurait pu provoquer l'apoplexie de plus d'un diplomate de l'ancienne école. (Dommage peut-être que cela ne se soit pas produit.) Loin de moi l'intention d'affirmer que ces soins étaient optimaux, que leur organisation était exemplaire, qu'elle était sans failles. La nature ne connaît pas de tels miracles. Et surtout pas la Pologne. Mais il faut dire que l'organisation d'un complexe d'une douzaine de délégations, avec plus d'une centaine de succursales, dans un pays si vaste, avec un réseau de voies de communication si pauvre, en présence de si grandes difficultés dues à la guerre, constituait une tâche sans précédent. Les gens sur lesquels on s'est appuyé étaient il y a encore peu de temps des prisonniers. Ils avaient davantage droit à un long séjour en sanatorium qu'à la prise en charge de dizaines de milliers de compatriotes. Dans pareilles conditions, on a fait vraiment beaucoup. Visiblement assez pour qu'on puisse dès aujourd'hui remarquer dans certains cercles de Téhéran une surenchère pour l'attribution du mérite « effectif » de la chose. Preuve que maintenant il y a des choses dans cette politique russe qu'on commence à considérer comme méritoires.

Le caractère humanitaire, humain, polonais, de cette ambassade restera certainement sa marque la plus patente. Son caractère politique est passé de ce fait au second plan. Politiquement, nous nous en sommes toujours tenus vis-à-vis de la Russie à une position rigide quant au caractère absolument intouchable de nos frontières issues du traité de Riga[13]. Wanda Wasilewska[14] a évoqué la Pologne de « Boleslas Bouche-Torse[15] ». Si ce n'est pas que du vent, cela signifie une chose : la Pologne, atteignant à l'est à peine le Bug[16] ou le San[17], est translatée vers l'ouest jusqu'à Szczecin et englobe Wrocław. Devant nos yeux, à nous Polonais venus d'Angleterre, on a agité au travers des étendards rouges de la Révolution, comme pour nous tenter, nous racoler, la proposition suivante : « Tirez un trait sur cinq cents ans d'histoire, renoncez à l'est et vous obtiendrez la Baltique, vous reviendrez sur l'Oder, vous récupèrerez ces terres objet des prières les plus péremptoires de Długosz[18] dans son Histoire de Pologne. Mais pour répondre à cela il faut être plus qu'un ambassadeur, plus qu'un premier ministre. Il faut être le Vaillant[19], Pierre le Grand, Kemal Pacha[20]. Il faut endosser une décision au nom de toute une nation et pour des siècles entiers ; il faut tailler et briser. Pas étonnant qu'il soit difficile de trouver des épaules assez solides pour supporter le poids d'une décision si énorme et si terrible. On pensait à cela en arpentant les larges rues de Kuibyshev, contemplant d'en haut l'énorme, quasiment océanique, crue de la puissante Volga [...]

---

[13] La paix de Riga fut signée en mars 1921 entre la Pologne et la Russie soviétique à la suite de la guerre de 1919-1921.
[14] Journaliste et militante communiste polonaise, colonel de l'Armée rouge.
[15] Boleslas III dit « Bouche-Torse », de la première dynastie royale polonaise, fut duc de Pologne de 1102 à 1138. Il mena une persévérante politique d'agrandissement de son duché, notamment vers l'ouest, ce qui l'opposa à son demi-frère Zbigniew, ainsi qu'à l'empereur Henri V du Saint-Empire.
[16] Sous-affluent de la rive droite de la Vistule par la Narew.
[17] Affluent de la rive droite de la Vistule.
[18] Jan Długosz (1415-1480), ecclésiastique, diplomate, historien et chroniqueur polonais, auteur des monumentales *Annales ou Chroniques de l'illustre Royaume de Pologne.*
[19] Boleslas 1er dit « Le Vaillant », prince polonais qui unifia le pays sous son autorité et finit par être couronné roi de Pologne en 1025.
[20] Mustafa Kemal Atatürk.

VIS-A-VIS DE LA RUSSIE

La Russie éternelle

Les historiens français ou anglais résolvent leurs dilemmes à l'aide du sabre tranchant de la décision. L'historien français, s'il admire Robespierre, ne va pas à la page suivante de son ouvrage verser des larmes sur Marie-Antoinette. Le politicien anglais, après s'être converti à l'antisémitisme ne va pas simultanément faire la guerre à Hitler. Mais les historiens polonais ont presque toujours fait de l'histoire de leur pays une soupe dense, épaisse, où se mêlent l'admiration pour les confédérés de Bar[21] et des compliments pour Stanislas-Auguste. Que la confédération et Stanislas-Auguste aient été des ennemis ne les gênait aucunement. Et quid des politiciens polonais... ? Il y a encore un quart de siècle, ils étaient complètement différents. Piłsudski[22] et Studnicki[23] avaient le regard fixé sur Wilno et Kijów[24] — mais ne s'étendaient pas à l'époque sur leur amour pour Poznań ou la Silésie. Popławski[25] et Dmowski[26] parlaient de Gdańsk et de la Prusse

---

[21] De petits nobles, en majorité catholiques, se liguèrent en 1768 dans la ville de Bar, actuellement située en Ukraine, afin de s'opposer au roi Stanislas-Auguste, jugé trop faible pour contrer la politique d'ingérence protectrice de Catherine II.
[22] Józef Piłsudski (1867-1935) a été président de la deuxième République de Pologne de 1918 à 1922, président du Conseil des ministres de 1926 à 1928 puis en 1930, et ministre des Forces armées de 1926 à 1935.
[23] Władysław Studnicki (1867-1953) est un homme politique et publiciste polonais, antisémite, partisan d'une collaboration avec le 3ème Reich allemand et d'une politique antisoviétique.
[24] Aujourd'hui respectivement Vilnius, capitale de la Lituanie et Kyïv, capitale de l'Ukraine.
[25] Jan Ludwig Popławski (1854-1908), publiciste et homme politique polonais, fondateur avec Roman Dmowski du mouvement national-démocrate, chaud partisan du retour des terres occidentales à la Pologne.
[26] Roman Dmowski (1864-1939), homme politique et publiciste polonais, cofondateur du parti national-démocrate, d'idéologie nationaliste, partisan avant la Première Guerre mondiale d'une alliance avec les pays de l'Entente

orientale — mais à l'époque ne regardaient pas à l'est. L'ambassade polonaise à Moscou serait bien plus active si Dmowski sortait de sa tombe du cimetière de Bródno à Varsovie... ou si dans la Pologne d'aujourd'hui Dmowski, qui a tant d'adeptes, possédait ne serait-ce qu'un disciple.

Je n'ai jamais été un nationaliste. Je ne suis pas un disciple de Dmowski. Mais il est indéniable que s'il est dans la pensée politique de ce grand homme une chose donnant l'impression de profondeur, une chose ayant le poids de l'airain, ce sont justement ses considérations à propos de la Pologne et de la Russie. Dmowski avait dix-neuf ans lorsqu'il débuta sa carrière politique et il la débuta comme adepte d'une entente avec la Russie. Il en avait plus de soixante quand il l'acheva. Mais jamais il n'a changé d'avis sur ce point. La Russie pendant ces quelques dizaines d'années a changé comme aucun autre pays dans l'histoire mondiale n'a changé en un tel laps de temps. De tsariste, orthodoxe, à demi féodale — elle est devenue communiste, athée, prolétarienne. Pour Dmowski elle est restée — la Russie. Eternel voisin de la Pologne, au côté duquel il nous faut vivre, avec lequel nous devrions — d'après lui — autant que possible vivre en bonne entente. C'est pourquoi Dmowski était le plus grand ennemi de toute action antirusse en Pologne et ne se préoccupait aucunement du régime de la Russie à l'époque. Il ne nourrissait certainement pas de plus grandes sympathies envers les bolcheviques que ses épigones mais, à la différence de ceux-ci, ses préférences quant au régime n'occultaient pas ses convictions profondes. A savoir : l'ennemi de la Pologne est l'Allemagne, la Pologne ne peut combattre sur deux fronts. La Pologne devrait donc chercher à s'entendre avec la Russie. Ah, Dmowski avait vraiment les yeux fixés sur la ligne bleue de l'Oder et celle, grise,

---

et contre l'Allemagne. Il participe à la Conférence de Paris en 1919 et à la signature du traité de Versailles rétablissant une Pologne indépendante. Après-guerre, il défend la conception d'un Etat-nation « homogène » et s'oppose au fédéralisme multiethnique et multireligieux prôné par Piłsudski.

VIS-A-VIS DE LA RUSSIE

de la Baltique cachoube[27] ! Dmowski serait aujourd'hui notre meilleur ambassadeur en Russie. Son départ là-bas provoquerait une rage indescriptible à Berlin et contraindrait les Allemands à beaucoup, beaucoup de choses. La presse soviétique parlerait du caractère polonais de la Poméranie et de la partie ouest de la Prusse orientale, du caractère polonais d'Opole et de Wrocław[28]. Le monde se ferait à l'idée que notre frontière occidentale résultant du traité de Versailles lésait non pas l'Allemagne, mais la Pologne. Malheureusement Dmowski est décédé et en vérité « n'a laissé aucun héritier, ni pour sa pensée, ni pour le nom ». Et c'est dommage.

Effectivement, on peut toujours penser en fonction des torts subis. Des choses horribles, incompréhensibles, subies par des centaines de milliers de nos compatriotes. On prouvera alors qu'on a du cœur — ce qui est beaucoup. Mais on ne fera pas preuve de sens politique. Pour la raison essentielle que l'on ne pourra rien concernant ce qui a été, mais que si l'on veut apporter une aide rapide, maximale et la plus concrète possible à nos compatriotes en Russie, on pourra le faire d'autant plus aisément que nos rapports avec le gouvernement russe seront bons, d'autant plus difficilement qu'ils seront mauvais. On peut marchander, s'opposer, mais il faut composer. Et secundo il faut avoir à l'esprit que depuis le tout début de cette guerre la majorité du peuple polonais — et à présent même l'immense majorité — souffre à cause des Allemands, et cela de plus en plus fort, de plus en plus douloureusement. C'est lui l'occupant. C'est lui l'ennemi.

Quel que soit le passé, la Russie restera. Subsistera [...]

« Les Nouvelles polonaises » 1943, n°40.

---

[27] Le cachoube est une langue slave nord-occidentale encore parlée par certains habitants de Poméranie.
[28] Villes de Silésie.

Tankistes polonais à Falaise, août 1944 (Services de presse de la 1ère Division blindée polonaise)

SUR LE CHAMP DE BATAILLE EN NORMANDIE[29]

> *Notre collaborateur permanent, Ksawery Pruszyński, affecté à la Première Division Blindée, a obtenu une affectation au 10.PSK [30] et participa aux combats de ce régiment en Normandie en tant que mitrailleur avant de char. Le 15 août son char fut détruit et Pruszyński reçut maintes blessures : à la poitrine, aux bras et au côté, et eut une vertèbre brisée. Il a écrit ces souvenirs pour « La Nouvelle Pologne » depuis un hôpital de Grande-Bretagne.*

[…]
Ce n'est qu'à quelques centaines de yards de la cathédrale que nous comprenons pourquoi Caen est une ville désertée. Nous sommes entrés dans le centre-ville, ainsi que dans ce qui était la partie moderne de la ville. Après Madrid, Varsovie, Londres, je ne pensais pas qu'il était possible de voir une ville autant bombardée. Quelle enfantine naïveté ! Ici, non seulement il n'y a plus de maisons, mais il n'y a même plus de rues. Nous traversons une espèce de désert très accidenté, recouvert d'une couche de poussière gris-noirâtre, fine et légère, de laquelle émergent des décombres. On ne voit que très exceptionnellement des ruines de maisons. Le plus souvent ce ne sont que des décombres, ensevelis sous des gravats, recouverts de cette

---

[29] Publié en 1944 dans la revue clandestine bihebdomadaire *Nowa Polska* (« La Nouvelle Pologne ») imprimée à Varsovie dans les années 1940-1944. Le titre original de l'article est : « Souvenirs de Normandie ».
[30] Initiales de *10-ty Pułk Strzelców Konnych* (« 10ème Régiment de Chasseurs à cheval ») : unité de cavalerie formée en 1918, qui participa aux premiers combats de septembre 1939 contre l'envahisseur allemand.

poussière. Ce sur quoi nous roulons n'a rien d'une rue, n'a même jamais été une rue. On a tout simplement dégagé à travers ce désert une piste cahoteuse et zigzagante, aussi sinueuse que la berge d'un ruisseau à la campagne, permettant l'accès le plus facile aux ponts sur l'Orne. Des panneaux indicateurs dans ce paysage de ruines signalent : « Pont Winston ». Le « Pont Winston » est évidemment un pont nouveau — construit par les sapeurs. De même qu'un second pont : *Euston Bridge*. Je ne sais pas si Winston et Euston y gagneront en popularité à Caen.

De l'autre côté de la rivière c'est un peu mieux. Là les Allemands n'avaient pas préparé de défense, n'avaient pas de dépôts, de réserves, de troupes. Quelque part sur les cartes des centres dispatcheurs de bombardiers, on avait décoché cette partie du reste de la ville, de même qu'on avait entouré l'autre, celle avec la cathédrale. Ici seule l'artillerie avait fait son œuvre. Mais ici aussi c'était désert. Des maisons vides, bien qu'il soit probablement déjà huit heures passées — la traversée de Caen nous aura bien pris une heure. En revanche, plein de soldats anglais sont allongés le long des trottoirs. Ils ont fait descendre leurs casques plats sur leurs yeux — et dorment. Ils dorment partout. Sur les trottoirs, dans les renfoncements de portes, sur les camions et à l'ombre des camions, sur les châssis d'artillerie à longue portée. (Il faut être vraiment à proximité du front pour voir autant de gens dormir d'un sommeil si profond dans de si inconfortables conditions. Sur le front, vivants et cadavres vont dormir côte à côte, confondus dans leur paisible immobilité. Quand bien même les cadavres dateraient de plusieurs jours. Peu importe.)

Le faubourg se resserre autour d'une route — la route montant sur Falaise. Soudain, venant de droite et de gauche, des éclairs et le tonnerre — il faut se mettre de l'ouate, des bouchons de caoutchouc dans les oreilles. C'est l'artillerie alliée, quelque chose comme une vingtaine de régiments regroupés — elle arrose d'ici les positions allemandes. Les pièces sont alignées les unes derrière les autres, comme sur un vaste échiquier. Ce ne sont nullement des batteries, mais simplement des canons qui auraient poussé dans un champ, un énorme carré dont, de ma place, je ne vois pas les limites. Il n'y a pas vraiment de salves isolées. Une explosion s'engrène aussitôt à une autre, c'est un éclair de décharges qui parcourt incessamment le champ, tel une vibration, une détonation ininterrompue qui déferle. Quand nous nous serons éloignés, ça ressemblera à un grondement prolongé d'orage d'été. Les canons n'ont plus d'existence individuelle, leur concentration les a collectivisés. Là-bas non plus, quelque part devant nous, les obus ne dégringolent pas les uns après les autres. Ils s'abattent en une seule fois, comme des pigeons, de toute leur masse.

Quelque part devant nous ? Le paysage a beaucoup changé depuis les environs de Bayeux. Au lieu de petites prairies, de vergers, d'arbres, les espaces s'agrandissent, prennent de l'ampleur. Le pays est vallonné, mais ses ondulations s'étirent, s'aplatissent de plus en plus. En voilà une juste devant nous, avec plein de véhicules — de chars. Là devrait se trouver en ce moment, si tout s'est déroulé conformément au plan, le général avec son état-major et un régiment de chars. Et en effet — il y est. Devant lui, formant un énorme rectangle, leurs canons tournés vers le sud-est en direction de l'horizon dégagé — les chars se sont arrêtés.

Il y en a bien plusieurs centaines. Le jour est devenu radieux. (Un de ceux qui fait la transition entre un été tardif et un automne précoce.) Le pays également est devenu radieux. Ce ne sont plus les verts bocages de l'autre Normandie, ce n'est plus la grisaille du Caen anéanti. Nous nous trouvons sur la bosse d'une hauteur. D'ici la vue porte au loin. Sur la gauche le pays s'incurve en une légère cuvette, et ne se relève doucement que dans le lointain, avec ses crêtes bleutées et boisées. Devant elles il s'aplatit presque — presque — en une steppe. C'est la même couleur fauve des blés. La même immensité de la plaine. Au loin, des arbres, on dirait quelque *futor*[31]. Sur la droite une route tracée au cordeau — des arbres — des poteaux télégraphiques.

---

[31] Nom donné aux hameaux ou fermes isolées dans la steppe ukrainienne, pays d'origine de l'auteur.

En aucun cas tout cela ne pourrait être le comté de Perth, de York ou de Stafford. Mais pourrait si facilement être la Podolie[32] ! Trop vaste, trop immense pour Konin ou Kościany[33]. Tarnopol alors ? Oui. Trembowla ? Oui. Kopyczyńce. Jampol. Połonne. Peut-être... Stary Konstantynów[34].

Les chars se sont arrêtés devant. (J'ai abandonné depuis longtemps mon accueillante jeep.) Ils sont déjà, en fait, passés derrière le mamelon, et se sont légèrement engagés dans la descente, comme s'ils pénétraient déjà dans tout ça. La guerre a-t-elle son pathos ? Bien sûr que oui. La machine a-t-elle sa beauté ? Bien sûr que oui. Mais ici c'est surtout la puissance qui impressionne. La quantité ! Si cela déferlait de la hauteur en une seule vague, ce serait un véritable déluge. Les moteurs rugissent. Les antennes radio font osciller leurs tiges graciles. On regarde par les trappes des tourelles.

— Pruszyński ? Que faites-vous ici ? D'où venez-vous ?

La voix vient d'une tourelle du char de gauche. Aussitôt, nonobstant mes médiocres talents acrobatiques, je suis déjà sur celui-ci.

— Je suis le sous-lieutenant Rożek, de Guer[35], de Coëtquidan, vous vous rappelez ? Nous nous sommes rencontrés chez Lipski ! Avec Adolf Bocheński ! Ah, dommage pour Bocheński, dommage... Ça m'a fait un coup lorsque j'ai lu que près d'Ancône... Que faites-vous ici ? Quelle rencontre !...

Tout s'engage comme je l'ai pensé (et comme je l'aurais écrit dans un roman). Il est même de Coëtquidan. (En Pologne on ne peut parvenir quelque part, y compris dans les blindés, que grâce à ses relations, et une fois ces relations retrouvées, tout se passe bien.) Pourvu que ça dure.

---

[32] Région située actuellement majoritairement en Ukraine occidentale.
[33] Konin et Kościany sont des localités situées en Grande-Pologne.
[34] Tarnopol, Trembowla, Kopyczyńce, Jampol, Połonne, Stary Konstantynów sont toutes situées maintenant en Ukraine occidentale. L'auteur est né dans le district de Stary Konstantynów.
[35] Commune où se trouvait le camp de Coëtquidan en Bretagne.

— Vous m'embarquez dans votre char ?
Quelque chose dans le regard du lieutenant Rożek qui me dit qu'il le ferait volontiers. (C'est déjà ça.) Mais une objection suit :
— Mais comment ? je n'ai pas de place.
— Ça peut pas s'arranger ?
— Et comment ?
Et il m'énumère (ce que je connais déjà) les places disponibles dans un char et qui les occupe, pas une place de plus. Mais en même temps je vois clairement que lui aussi en a envie. En fait il bredouille quelque chose à propos de regrets, de nécessité, d'agrément, mais quelqu'un s'apprêtant à risquer sa tête ne se préoccupe guère de celle d'autrui.
Pour finir s'entrouvre une porte de sortie.
— Discutez-en avec le commandant du régiment. Peut-être que lui trouvera quelque chose... Vous voyez le char, là-bas...
— Et vous êtes quel régiment ?
— Le 10 PSK !
Cette information me procure une joie inouïe. Maczek[36] parlait déjà de ce 10 PSK, et maintenant voilà que je tombe sur lui, c'était visiblement écrit. Je me dirige vers le char. Avant que je n'aie fait la moitié du chemin, le char s'ébranle, manœuvre sur place et démarre. Derrière moi les chars, ces amphibiens de métal, font osciller l'un après l'autre leur tourelle et descendent un par un sur la route. Ils roulent sur une large piste, damée comme une aire de battage. Je cours. Impossible à rattraper. Le lieutenant Rożek me dépasse avec son char, me faisant des signes confus de la main. Je réponds en agitant les bras dans sa direction. Lui également. Ce qui veut dire : on va se retrouver. Rien n'est encore perdu. En tout cas je sais maintenant une chose. Je vais chercher mon bonheur dans ce dixième PSK.
Pour l'instant, la situation commence même à s'améliorer. Derrière les chars apparaissent soudain les tracteurs — je monte dans le premier

---

[36] Le général Stanisław Maczek (1892-1994) a commandé en 1939-1940 le Camp de Coëtquidan au moment où l'auteur y était élève-officier.

d'entre eux, nous roulons. On peut à présent admirer tranquillement le paysage. Devant nous, dans les champs, roulent en un long convoi des chars, des véhicules, des tracteurs. Nous laissons derrière nous Caen, l'artillerie de l'« AGRA[37] », le reste de la division, et à côté de nous une route totalement déserte — mais que l'artillerie allemande ne cesse de pilonner. Du moment qu'elle ne commence pas à dévier, tout va bien. D'un village au milieu d'arbres devant nous s'élèvent des fumées, on voit du feu en deux endroits, on entend tout à côté des fusils mitrailleurs. Le champ de blé s'arrête avant le village, un champ de couleur verte, comme de betteraves, prend le relais. On y voit, s'approchant du village par bonds successifs, des taches kaki. Ce village, si je me souviens bien, a dû être pris par les Ecossais. Nos chars passeront outre.

Entretemps le convoi s'immobilise sans arrêt. De plus en plus fréquemment le village devant nous nous aboie dessus de ses « rafales » de fusil mitrailleur. Manifestement la préparation d'artillerie n'a pas été aussi terrible qu'on nous l'avait promis. La route à main droite est de plus en plus souvent « caressée » par l'artillerie allemande. Les colonnes de fumée bleu foncé des explosions s'épanouissent entre les arbres qui la bordent et on se dit malgré soi : tout cela est très bien, mais il y aura bien un observateur allemand pour s'apercevoir enfin que toute la colonne motorisée se déplace parallèlement à la route — et raccourcira le tir de ces deux ou trois cents yards. Ça sera largement suffisant.

Entretemps, nouvelle difficulté. Les vaillants tracteurs ne vont pas plus loin. Il leur faut attendre ici les ordres. Les chars sont cinq cents mètres devant moi ; eux aussi sont à l'arrêt. Mais il se peut qu'ils redémarrent. Tant pis, je tire ma révérence et me dirige vers eux. Je marche comme sur une aire de battage, les chenilles ont imprimé dans la terre argileuse, rousse, la paille dorée des épis. A un endroit, un

---

[37] Initiales de *Army Groups Royal Artillery* : équivalent d'une brigade d'artillerie dans l'armée de terre britannique.

entonnoir : un char — allemand — détruit et, sous la garde de deux échalas anglais, deux prisonniers allemands. Ils sont assis dos à dos, regardent la ligne de tirailleurs britanniques se rapprocher de ce village incendié, déjà complètement vidé. Les Anglais, tout contents, me disent :

— Ce vieux-là est un Polonais !

Je m'adresse en polonais au plus âgé des prisonniers. Il ne répond rien. J'interroge une deuxième fois, toujours rien ; je suis déjà en train de penser qu'il se moque de moi, lorsqu'il me dit :

— *Ich verstehe nicht...*
— *Sie sagten Sie sind ein Pole ?*
— *Jawohl, Leutnant, ich fürchte...*[38]

Et il me montre les soldats anglais. Le second prisonnier se tourne vers lui, vers moi. Il a les yeux à moitié clos, remplis de dédain. J'explique aux Anglais quel genre de « Polonais » c'est. Je poursuis ma route.

Un officier polonais se trouve là, un peu sur le côté. Un commandant. Il me regarde, me demandant d'où je sors pour aller comme ça à pied, moi je me dirige vers lui — et me présente.

— Aha... Pruszyński... — dit-il avec un manque d'enthousiasme pas étonnant chez les commandants.

— Vous me connaissez, mon commandant ?

— Oui... Par la lecture...

Le ton n'est pas particulièrement engageant, mais le mieux est de prendre le taureau par les cornes.

— Par la lecture — répété-je — je comprends maintenant !...

— Pourquoi — dit le commandant d'un ton conciliant — il y a toute sorte...

Dans certaines parties, un match nul est déjà à considérer comme un succès, j'enfonce donc le clou. J'explique quelle est mon

---

[38] « — Je ne comprends pas...
— Vous disiez que vous êtes un Polonais ?
— Oui, mon lieutenant, je crains... » en allemand.

affectation et dans quel but j'ai poussé jusqu'ici, je parle de ma rencontre avec le lieutenant Rożek et dis que je cherche le 10 PSK, et pourquoi je le cherche. Le commandant écoute cela avec une étonnante patience et finit par dire :
— Je vais vous prendre avec ma vague A I, le lieutenant S. vous mettra dans un scout car[39].

Dans un scout car — me dis-je — et je repense au général et à la conversation d'hier. Il s'avère donc possible de profiter d'un scout car ! Ce n'est peut-être pas un char, mais c'est toujours mieux qu'un tracteur.

— Mais où se trouve le 10 PSK ? — demandé-je encore.

Le commandant explique :
— Je suis le commandant du 10 PSK.

Je suis depuis trop peu de temps dans cette division pour savoir qu'ici les commandants commandent à des régiments. A en juger par des expériences que j'ai connues de plus près et en plus grand nombre, j'aurais facilement imaginé des généraux de plein exercice à ce grade. Ça se présente de mieux en mieux. Le lieutenant S. m'emmène à cette, encore mythique pour moi, « vague A I ». Ça se trouve quelque peu à l'arrière. Un sympathique lwowien, l'aspirant G., me réserve un très chaleureux accueil. Il s'est avéré qu'il anticipait les accidents, me pensant blessé. Lui-même, le pauvre, fut blessé, et grièvement, deux jours plus tard.

L'aspirant G. procède ainsi à mon intronisation dans ce véhicule appelé scout car. Je connaissais évidemment de vue cette caisse fermée en ferraille sur roues, avec une mitrailleuse sur le toit. (A mes yeux ce monstre n'est pas bien méchant, encore que, indubitablement, beaucoup plus dangereux qu'une jeep) En tout cas — voilà une promotion indiscutable. Je me sens un peu comme un sujet de Sa Royale Majesté qui, ayant rêvé de devenir lord, ne se retrouve pour l'instant

---

[39] Automitrailleuse britannique utilisée pour des missions de reconnaissance.

que sir. « *I do like it too*⁴⁰ » — se dit-il, comptant que cette dignité de lord viendra également à son tour. Il faut commencer par un scout car, tout comme on commence par être sir, ce qui importe, c'est de ne pas en rester là.

Le conducteur du scout car, un gentil blond de la région de Wilno, a ramifié ici ses attaches familiales. Il a deux de ses beaux-frères dans cette armée, le troisième est mort au combat. Ses beaux-frères, il ne les a pas amenés de Pologne, ce sont des acquisitions locales — il est en effet marié à une Ecossaise. Nous continuons à rouler à une allure assez modérée, appelée « Calvairienne »⁴¹. Nous laissons sur le côté ce village où les tirailleurs anglais ont déjà réussi à pénétrer. Maintenant, on n'entend plus que des tirs sporadiques, signifiant qu'ils sont en train de régler là-bas les derniers comptes. L'artillerie allemande, à son tour, rapproche ses attouchements du village. Nous avons à présent des obus tombant des deux côtés, car ils pilonnent toujours la route. Nous roulons entre les deux. Un char qui est passé sur une mine a perdu une chenille, utile avertissement. Dorénavant nous ne roulerons plus que sur une piste où trois chars au moins sont déjà passés. En chemin, quelqu'un fait signe d'une ambulance : c'est Walentynowicz⁴², rencontré ici avant-hier. Mais une ambulance ça n'est pas un scout car. Je regarde de haut l'héroïque auteur des *Aventures du petit bouc Matołek* et de *Suite des histoires de Fiki Miki*. Peu après, c'est Walentynowicz qui passe devant. A vrai dire il roule toujours en

---

⁴⁰ « Ça me va également » en anglais.
⁴¹ En référence à la lente montée du Christ au Calvaire ou au lent défilé des fidèles devant les différentes stations de la Passion ?
⁴² Marian Walentynowicz (1896-1967) est un dessinateur, notamment illustrateur de livres pour enfants, dont *Przygody Koziołka Matołka* (« Les aventures du petit bouc Matołek », 1933) et *Fiki Miki dalsze dzieje* (« Suite des aventures de Fiki Miki », 1936) de l'écrivain polonais Kornel Makuszyński (1884-1953) ; Walentynowicz fut correspondant de guerre auprès de la 1ᵉʳ Division blindée du général Maczek et a raconté ses souvenirs dans son livre *La guerre sans pathos*, publié en 1969.

ambulance, mais son vaillant véhicule nous dépasse, allez savoir pourquoi. Pour finir, encore une rencontre. Sortant des blés se pointe une fringante *jeep*, avec dedans Horko[43] et des correspondants de guerre — Kiersnowski et Feldhuzen. Rencontre bienvenue, car ils m'apportent un sympathique courrier d'Angleterre.

L'après-midi arrive, nous approchons d'un bois et le fracas des tirs se fait très proche. Les chars de notre régiment (le 10 PSK, bien sûr) ont dépassé le bois devant nous, et au-delà du bois côté gauche se bagarre le 1er Régiment blindé. Entretemps la lisière du bois et les deux bois se retrouvent sous le feu de quelque lointaine artillerie allemande. Elle pilonne plus dru que celle de la route. Un *carrier*[44] est touché et brûle, une ferme en bordure du bois — un grand bâtiment à étages — est pilonnée sans arrêt, si bien que les véhicules qui doivent contourner par-là font un grand détour dans les blés. On évite également l'autre lisière du bois. La systématicité de l'artillerie allemande a ses bons côtés. Grâce à elle on peut, d'après les deux premiers obus, deviner ce qui va s'ensuivre et changer en conséquence d'endroit pour stationner.

Du régiment devant parviennent de brèves informations par radio, qui se répandent d'autant plus vite que nous sommes descendus de nos véhicules aux abords du bois et sommes allongés au milieu de grosses branches fauchées par les obus. Le téléphone arabe peut fonctionner. Le 1er Régiment a des pertes énormes… il est tombé sur des « tigres »[45] allemands près du bois… Le nôtre (le 10 PSK) a perdu plusieurs chars.

---

[43] Tadeusz Horko (1913-1976), journaliste et militaire polonais, fut nommé *conducting officer* du groupe des correspondants de guerre auprès de la 1ère Division blindée. Avec Maciej Feldhuzen (1906-1990) il fit partie des premiers journalistes polonais à passer à l'Ouest après septembre 1939. Ryszard Kiersnowski (1912-1977), écrivain polonais engagé dans les troupes polonaises formées au Canada, participa également à la campagne de Normandie comme correspondant de guerre auprès de la 1ère Division blindée. Il travailla à la BBC après la guerre.
[44] Véhicule blindé léger à chenilles de l'armée britannique.
[45] Nom donné à des chars allemands lourds de la Seconde Guerre mondiale.

Le capitaine Leliwa a été tué... Une heure passe, puis deux, trois...
L'ombre des arbres s'allonge, il fait moins chaud. Nous nous installons dans un trou de fabrication allemande et nous apprêtons à casser la croûte. Nous étions sur le point de préparer le thé — ce qui eût été très bénéfique — quand soudain tombe l'information :
— Le lieutenant Sz. chez le *baca*[46] !
Je devine que le « *baca* » — c'est le commandant du régiment, celui qui m'a admis dans sa vague A 1. Il avait effectivement l'air d'un *baca*. Silencieux, réfléchi, attentif. Tout ne se goupille pas pour le mieux pendant la guerre ; il se trouve que la lisière du bois que nous allons franchir avec le lieutenant Sz. a tapé dans l'œil de l'artillerie allemande. Déjà un tracteur là-bas a essuyé un coup — des gens traversent le champ en son milieu, portant des blessés et accompagnant quelqu'un. Après un moment, un nouveau geyser jaillit sur cette même lisière. Nous montons à trois dans le scout car.
— Fais attention — recommande Sz. au conducteur — Passés les arbres déracinés, on traverse la lisière à fond de train — Attention — rappelle Sz. — Je fais attention, je fais attention mon lieutenant — assure le gars de Wilno. A coup sûr nous avons tous la même idée en tête : comment franchir au plus vite cette lisière. Des arbres, un fossé, un remblai, il faut ralentir. Ça y est ! Le *scout car* se retrouve en terrain plat, devant nous c'est à nouveau un champ. Nous fonçons pleins gaz dans les blés, comme si c'était sur l'asphalte.
Le champ dans lequel nous roulons à présent ressemble à une vaste clairière. De tous les côtés on a soit des arbres, soit des bois. Des blés à moitié écrasés — des trous d'obus — en bordure, se détachant sur le fond d'un nouveau village, un grand feu. C'est un char anglais qui finit de brûler. De temps en temps ses munitions continuent d'exploser et des morceaux de ferraille fusent — volent dans les airs. C'est dans ce champ que se regroupent les escadrons du régiment. Le lieutenant

---

[46] Dans les montagnes des Tatry, le *baca* est le grand chef des bergers au moment des estives.

Rożek est là.
— Heureusement que vous n'y étiez pas, notre char a été touché ! (Aujourd'hui je ne me rappelle plus comment il a été touché, il semble que pendant cette brève semaine les chars du lieutenant Rożek étaient sans arrêt touchés — ainsi que l'équipe.)
Le commandant est là lui aussi.
— Vous êtes là. C'est bien.
Si c'est bien, c'est bien. Les chefs d'escadron se sont rassemblés auprès du char. Briefing. Il s'avère que les « panthères[47] » et les « tigres » dissimulés là-bas derrière la côte ont montré de quoi ils étaient capables. Les pertes sont importantes et tous sont peu bavards. Le régiment devait être soudé. Ce qui pour moi est un point sur les chars perdus, est pour eux — autant de personnes avec lesquelles on s'était lié comme au sein d'une famille, d'une classe, d'un escadron.

Le soir approche. On a cuisiné des conserves avec des pommes de terre fraîchement récoltées à côté. Les chars prennent position dans le champ pour la nuit. Je retrouve une connaissance de Cracovie, une autre de je ne sais plus où. Avec le petit et remuant lieutenant S. au nom allemand, nous faisons route vers l'endroit où l'état-major de la division *is supposed to be*[48] — là où nous sommes passés ce matin. J'ai en effet toutes mes affaires dans la jeep qui m'a amené au-dessus de Caen. Mon Leica ne remplacera pas mon sac de couchage, ni mon rasoir et ma brosse à dents.

Lorsque nous rentrons — du reste bredouilles car la *jeep* est restée sur Caen — il fait nuit, mais une nuit claire. En bordure du village se consume, tel un bûcher sacrificiel, le char anglais de tout-à-l'heure, à l'est s'allument, de plus en plus nombreuses, des « flares »[49] rouge-vif ; c'est la méthode allemande. Depuis le bois derrière nous jaillissent deux colonnes bleutées formant un « V » approximatif, ce sont

---

[47] Génération de chars utilisés par l'armée allemande pendant la Seconde Guerre mondiale, ancêtres des « Leopard ».
[48] « est supposé être » en anglais.
[49] Fusées éclairantes.

les Anglais. Il s'avère que le commandant est parti une fois de plus en reconnaissance de nuit avec des chars. Il rentre tard.

Nous nous confectionnons une litière avec de la paille de blé coupée sur place, une équipe me cède aimablement sa couverture, S. — son manteau, et je m'endors. Les autres dorment déjà depuis longtemps, du moins tous ceux qui le peuvent. Me voilà déjà avec un pied dans la porte de ce régiment. Pourvu que ça dure !

Reconnaissance sur Saint-Sylvain

L'équipe du lieutenant S. avec lequel je suis allé le soir à l'état-major de la division a déjà préparé le petit-déjeuner : du thé (en boîte), du pain — chose rare — des biscuits, de la margarine, de la confiture. Ce sont des gens accueillants. La plupart portent des combinaisons, des pulls, et ressemblent davantage à des chauffeurs et des ouvriers, tels que nous les imaginons traditionnellement, qu'à des soldats. Dans les blindés et sur la ligne de front le *battle dress* est partout en voie de disparition. Des combinaisons grises, verdâtres, à la fois vestes et pantalons, ou encore des treillis en tous points semblables — voilà le véritable uniforme. Seules les épaulettes, parfois la coupe des poches sur la poitrine, rappellent qu'on est à l'armée. Telle est plus ou moins leur tenue à tous, à commencer par le commandant du régiment, les étoiles se perdent sur fond de cette grisaille. A présent, à les voir manger dans le champ, dans les blés, on les prendrait pour un groupe d'ouvriers. Des conducteurs de tracteur s'apprêtant à commencer leur travail. Avec des figures d'ouvriers, de chauffeurs. Ils boivent dans toutes sortes de quarts, comme s'ils voulaient fuir l'uniformité des gourdes.

A une quinzaine de pas de là stationne le char du lieutenant Rożek. Je connais ce dernier d'hier, ainsi que l'aspirant noir qui siège à ses côtés dans la tourelle ; ils ont comme des remords de conscience de ne pas m'avoir emmené ce jour-là. Aujourd'hui, je suis en meilleure position, ayant été admis par le commandant du régiment. Pour commencer, tout en me rasant avec le rasoir du lieutenant Rożek et le savon de son compagnon, je leur expose le plus éloquemment possible tout ce que perdent les chars du fait qu'aucun écrivain n'ait encore roulé avec, et tout ce que gagneraient les écrivains s'ils pouvaient observer le monde de Dieu non seulement de la fenêtre d'une rédaction de Stratton, d'un sleeping de Dorchester[50], de la « Pologne Combattante »[51], mais également d'un cromwell ou d'un stuart[52]. Ah, quelle routine ces militaires !... Et après ils se plaignent qu'on écrit n'importe quoi ! Si seulement les nouveaux de Coëtquidan se montraient plus ouverts ! Mais pensez-vous ! Ils sont pareils. Je sais que Rożek est de Coëtquidan. Sa large face m'observe à présent avec un air de reproche. Je l'aime de plus en plus, et son air de reproche me réjouit. On voit que mes paroles on atteint le défaut de sa cuirasse.

Le commandant est déjà quelque part à l'avant. Les deux escadrons restés en arrière se rassemblent en bordure du bois. C'est le capitaine G., que j'ai déjà rencontré hier, qui les commande. Il porte un nom de noblesse terrienne, bien connu dans les régions de Lublin[53], Volhynie[54] et Kielce[55] (ce que j'ai immédiatement noté comme pouvant me servir d'« accroche » pour m'arrimer à ce régiment — de même que le commandant est marié à une fille de Wilno — je connais bien Wilno, de même que Rożek est un bon pote de Coëtquidan. S'introduire dans un régiment de combat polonais relève de plus d'une de ces ficelles qui permettaient d'obtenir un emploi en Pologne, ou encore « des missions » dans le Londres polonais. (Sauf que ces démarches

---

[50] Stratton House et l'hôtel Dorchester à Londres hébergèrent respectivement des bureaux et des personnalités du gouvernement polonais en exil.
[51] Hebdomadaire de l'émigration polonaise édité de 1939 à 1949, d'abord à Coëtquidan, puis en Grande-Bretagne, où il prit le nom de « *Fighting Poland* ».
[52] Les chars « cromwell » et « stuart » sont des chars utilisés par l'armée britannique pendant la Seconde Guerre mondiale, respectivement de production britannique et américaine.
[53] Lublin est une ville du sud-est de la Pologne actuelle.
[54] Région de Pologne jusqu'en 1939, aujourd'hui en Ukraine occidentale.
[55] Ville du centre de la Pologne actuelle.

ne sont pas lucratives.) Le capitaine est d'ailleurs un type intéressant. Żyw[56] ou Topolski l'auraient tout de suite dessiné. Il contraste physiquement avec mon ami — puis-je déjà l'appeler ainsi ? — le lieutenant Rożek. Celui-ci est costaud, trapu, calme. Le capitaine est mince, a les traits fins, est nerveux. En Pologne c'était un excellent cavalier et il possède cette élégance de cavalier-gentilhomme terrien (dans le plein sens de ces deux termes). Je me suis bien éloigné de la noblesse terrienne, mais je trouverai un langage commun avec lui. Pour l'instant, le capitaine me reproche mes articles (de guerre, pas de Russie), moi j'explique combien je souhaiterais être affecté au front. L'un évidemment n'explique pas l'autre, mais je le quitte avec l'impression — peut-être trompeuse — que je finirai par trouver un terrain d'entente avec ce capitaine-gentilhomme terrien. Non, ce n'est pas le héros de mon roman. (Le héros de mon roman présent — je le tiens déjà. Depuis hier matin). Mais c'est quelqu'un d'une espèce qui m'est familière. Et par ailleurs...

Et par ailleurs il y a un côté visuel dans cette affaire, côté qui toujours me parle. Tenez, en ce moment : le capitaine G. est dans le champ, debout sur du blé écrasé. A ses côtés des officiers casqués — les casques lourds des tankistes américains — lui est tête nue, sans casque. Devant lui les chars — les équipages dans les tourelles — nous allons partir. Sur ce fond, le capitaine G. apparaît comme un personnage de tableau. Jacek Malczewski[57]. Qui à Cracovie ne se souvient de tant et tant de portraits de comtes, de professeurs, de dentistes, d'avocats, en cuirasses qu'ils n'ont jamais portées, sur fond de champs dans lesquels, au milieu de gerbes de blé, se tenaient des chimères ou des stryges ? De la même façon, Jacek Malczewski aurait peint le

---

[56] Aleksander Żyw (1905-1995) est un peintre et dessinateur polonais d'origine juive. Il rejoignit l'armée polonaise en formation en France puis en Ecosse et fut, comme Topolski (cf. la note 9), peintre correspondant de guerre ; il participa à la campagne de libération de la France en 1944.
[57] Jacek Malczewski (1854-1929) est un peintre polonais de l'école symboliste ; il a enseigné et peint de nombreuses années à Cracovie.

capitaine G. avec son visage fin de patricien des temps révolus, et derrière lui — ses chars lourds, à lui mais si différents de lui.

Les premiers chars sont déjà partis, et moi entretemps, pensant à Malczewski et bavardant avec Rożek, j'ai grimpé dans le sien. C'est que le lieutenant Rożek aime poser des questions et écouter les réponses. Il en lance parfois une à laquelle il me faudrait au moins tout le temps de la guerre pour répondre. Qu'est-ce que je pense de la Russie ? Mon avis sur Kot[58] ? Elles sont parfois très concrètes. Est-ce que je pense qu'un diplomate professionnel serait plus efficace en Russie ? Rożek est connu pour poser beaucoup de questions. Je dois avouer qu'il ne s'intéresse pas aux futilités, ni aux potins. Il ne demandera pas si c'est vrai que Pudlikowska vit avec le commandant Cwoń, ni grâce à quoi la femme de Szczypień est passée plus vite lieutenant que celle de Wrażyn. (C'est qu'on entend aussi beaucoup ce genre de questions.) L'aspirant ne pose pas de questions, mais écoute. Les informations du matin étaient que les Allemands ont reculé de plusieurs miles — nous dépassons des Canadiens — on verra bien. Pour l'instant je suis assis dans la tourelle du char, du côté de l'aspirant qui s'est descendu vers l'intérieur. J'ai les jambes pendantes — je suis assis sur le bord de la tourelle — s'il y a un cahot je ne peux éviter de donner un coup de pied dans le dos de l'aspirant, ce dont je m'excuse platement à chaque fois. Pour me faire pardonner, je raconte ce que j'ai de mieux dans mon répertoire : Sikorski[59] au Kremlin, Staline là-bas aussi, la Russie en général, beaucoup de détails. Je compte qu'ils ne vont pas me larguer dans les blés en plein milieu de mon récit.

Nous avons dépassé un bois, une route, des Canadiens, notre infanterie — c'est un plaisir de faire signe aux siens du haut d'un stuart ! Nous faisons halte en bordure du bois. Le commandant — nous l'avons rattrapé ici — explique encore une fois la situation sur la carte.

---

[58] Cf. la note 8 supra.

[59] Władysław Sikorski (1881-1943) fut premier ministre du gouvernement polonais en exil de septembre 1939 au 4 juillet 1943, date de sa mort dans un accident d'avion à Gibraltar.

Moi je me présente en dernier — je ne sais pas très bien si je peux ou non assister aux briefings ? — si bien qu'en dehors de l'orientation générale je ne sais pas encore grand-chose. Et aussitôt, retour « aux chars ! » Je m'assois derrière l'aspirant, comme précédemment. Nous passons lentement derrière le bois. A un virage, un cadavre allemand, la face enfoncée dans le sol. Les chars l'ont écrabouillé, son casque — un casque lourd allemand — réduit en ellipsoïde. Sensation quelque peu macabre. Ça se rapproche, visiblement. Les chars s'engagent dans les blés par trois pistes.

Quoi qu'il puisse dorénavant se produire, ce moment unique ne sortira certainement pas de ma mémoire visuelle. Un petit-matin — de ceux qui s'accompagnent de légères brumes et d'un voile caractéristique sur l'horizon, annonciateur à tout coup d'une journée étouffante. Le paysage devant moi — ondulé, mais gentiment, avec des champs se succédant en plis réguliers et dont seules les délimitations envahies par les buissons et les arbres entachent la monotonie. Et juste devant nous, descendant en pente douce — un énorme champ de blé. Et quel blé ! D'une splendeur que je n'avais sans doute jamais vue dans ma vie. Des épis énormes, dressés haut et droit vers le ciel, plantés régulièrement. Ils ont même des chatoiements blond vénitien, comme parfois ceux des cheveux de femme, sont lourds, bourrés de grains, fermes. La moissonneuse aurait dû passer par ici depuis longtemps, mais la population a fui, les fermes, les villages sont déserts. Les blés attendront vainement la moissonneuse. Le vent disperse leurs grains. Les chars vont y imprimer leurs chenilles...

C'est Jan Tarnawski, peintre à ses heures, qui m'a dit qu'en pénétrant dans les blés les chars ressemblaient à d'énormes buffles ou à des monstres paléontologiques allant pâturer. Ah, que cela est vrai ! De notre char j'en vois d'autres s'engouffrer consciencieusement, à la queue leu-leu sur plusieurs files, dans la masse immobile de ces blés, s'y enliser à mi-hauteur, y patauger comme dans quelque eau fauve. L'ambiance paléontologique — antédiluvienne — renforce encore l'impression de désert total et de silence devant nous. On voit le terrain dégagé sur des kilomètres et des kilomètres à la ronde, devant nous, partout — et nulle âme qui vive. Toujours cette pente douce, toujours cette virginale intégrité des blés dans lesquels seul notre passage laisse derrière lui de larges entailles. C'est là que je prends conscience de la grande nécessité pour l'écrivain ou le peintre d'expérimenter personnellement ces choses. Pour mon chef de char et son équipe, il n'y a rien de bien nouveau dans ces impressions. Pour eux la circulation sur un ruban de blés est la même que, pour d'autres, la circulation sur un ruban d'asphalte. Leur seule réflexion peut-être est que dans des blés si denses on craint moins les mines. (Ici on remarque plus facilement que quelque chose a été dérangé, enterré, installé).

Nous descendons de la sorte jusqu'au fond de cette large dépression à fond plat — les haies et les arbres se font de plus en plus denses — devant nous, la ligne d'horizon est rapprochée — à gauche, un village. Ils nous ont vus — plusieurs obus tombent derrière nous et sur notre gauche, et les sombres impacts de leurs entonnoirs entachent maintenant la blonde uniformité des blés. Nous nous arrêtons derrière une haie. Et attendons.

Mes rêves de tankiste prennent maintenant excellente tournure. Lorsque le char descendait la pente, je ne faisais pas qu'admirer la beauté du champ de blé lacéré par le fer des chenilles. Mes jambes pendantes vers l'intérieur de la tourelle marquaient la cadence sur le dos de l'aspirant — le remplaçant du lieutenant Rożek. C'était une personne incontestablement dotée d'un tempérament des plus doux et d'un dos très résistant, mais il était clair que cela avait ses limites. Mais lesquelles et quand ? Tout indiquait que ce serait bientôt. Il avait même cessé de répondre poliment à mes excuses régulièrement répétées à chaque nouveau coup de pied. Le cataclysme approche. Et effectivement : — Mon lieutenant — s'adresse-t-il à Rożek — si le lieutenant Pruszyński est d'accord, pourrait-il prendre la place du mitrailleur avant… ?

Le mitrailleur avant ? Je ne sais pas très bien ce que cela signifie, mais cette initiative me convient très bien.

— Il pourrait — se hasarde Rożek — mais qu'allons-nous faire de Semeniuk ?

SUR LE CHAMP DE BATAILLE EN NORMANDIE

— Il ira avec les ambulances ? Il sera d'accord.
Dans les blindés les équipes font l'objet de règlements écrits prévalant sur les ordres, ce dont j'allais me rendre compte. Nous appelons Semeniuk pour qu'il s'extirpe des entrailles du stuart. Il ouvre la trappe au-dessus de sa tête. Il s'avère que c'est quelqu'un des Brigades internationales d'Espagne, j'embraie donc là-dessus et évoque Matuszczak, Antek Kochanek, Kowaczek[60]. Il se tait, sceptique ou prudent ; ça ne marche pas de ce côté. Il semble qu'il appartient à cette espèce d'individus, plus nombreux qu'on ne le croit, chez qui le feu de la révolution s'est complètement refroidi en cendres. J'en suis déjà à me dire que c'est peine perdue — peut-être cent francs ? — mais c'est non. Le sage Semeniuk était à Guadalajara, a passé quelques années dans la Légion Etrangère, et cela a totalement satisfait ses aspirations personnelles de guerrier. Non, il n'a rien contre, et si ce lieutenant le désire, lui, Semeniuk reviendra à l'arrière avec les ambulances et cèdera sa place.

L'instant d'après me voici déjà à l'intérieur du char, me familiarisant avec l'ouverture et la fermeture de la trappe, la manœuvre du périscope, le fusil mitrailleur. Finalement, tous les fusils mitrailleurs du monde se ressemblent dans leur principe — celui-ci a pour seule particularité de ne pas avoir de viseur. On tire « au jugé » en regardant par le périscope, et en s'aidant de balles traçantes. A main droite — les caisses de munitions. On les charge par ici. On évacue les douilles ici, ainsi que les bandes vides. Ici se trouve l'eau potable. Dans cette gourde — le café. Précieuses informations. Les gens qui pensent à renouveler leurs forces en se sustentant m'ont toujours fortement impressionné.

---

[60] Stanislaw Matuszczak (1897-1955) fut commissaire politique, et Antoni Kochanek (1906-1937) commandant (mort au combat) d'un bataillon de volontaires polonais formé en octobre 1936 dans le cadre des Brigades internationales participant à la guerre civile d'Espagne de 1936 à 1939. Le capitaine Kowaczek est un personnage de l'un des douze récits de Pruszyński, évoquant cette guerre : *Różaniec z granatów* (« Un chapelet de grenades »)

L'instant d'après la trappe se referme au-dessus de moi, je mets les écouteurs et j'attends. Ces premières impressions sont très complexes. Du plein air je me suis retrouvé dans la machine, l'odeur des blés s'est muée en odeur de cambouis, d'essence, de gaz d'échappement, la brise en chaleur étouffante, la clarté — en obscurité. On se fait difficilement à l'obscurité. Mais la mutation la plus importante vient de ce que je commence à me servir de ma vue de façon marginale, et en revanche de façon disproportionnée — de mon ouïe. La portée de ma vue s'est raccourcie démesurément. Je ne vois devant moi que ce qu'il est possible de voir par la fente rectangulaire et allongée du périscope. Un fragment de fragment. En revanche mon ouïe a élargi infiniment son spectre perceptif. Il s'agit certes d'une ouïe synthétique, artificielle. C'est simple, le réseau radio met en relation l'ensemble des chars du régiment, de l'escadron, du peloton, et doit sans doute les relier à l'état-major, au monde, à la BBC, aux Anglais dans d'autres chars à plusieurs miles d'ici, aux Allemands quelque part devant nous. La radio n'arrête pas de jacasser. Venant de près et de loin. Les ondes se mélangent, ainsi que les ordres et les langues. La radio, c'est vraiment quelque chose dans un char.

Nous avons démarré, le char s'est ébranlé, des branches de noisetier fouettent affreusement le verre du périscope, une secousse, et nous voilà repartis sur un champ couvert de chaumes. Je scrute au périscope l'espace le plus proche devant moi — ces buissons qui se présentent sur la gauche ne cacheraient-ils pas quelque chose ? Instinctivement, je commence à ressentir que la bête dont je suis devenu partie intégrante ne supporte pas ce genre de fourrés, et qu'on regarde avec soulagement un espace dégagé. Le cerf venant s'abreuver au crépuscule en bordure d'un bois doit éprouver semblable inquiétude. Mais en même temps on capte à l'oreille toutes les conversations sur le réseau. Malheureusement, elles sont chiffrées.

— Barbara 17, vous deviez aller à gauche depuis la Cabane. J'écoute, Zygmunt.

— Bien, Karol, maintenez direction, lorsque vous remarquerez quelque chose, rapportez. Eviter Hamak.

SUR LE CHAMP DE BATAILLE EN NORMANDIE

— *Nelly, hello, twenty seven, twenty seven.* [61]
Et un guttural :
— *Sieben, wir kommen, wir kommen. Sieben, acht. Zehn Uhr zwanzig Minuten... Zehn Uhr...* [62]
— Allo, lieutenant Pruszyński, vous entendez les Allemands ? C'est le lieutenant Rożek qui veille à ce que je ne rate aucun des multiples plaisirs que prodigue le char. J'ai déjà réussi à me procurer un peu d'informations concernant notre système de codage radio, mais je reste toutefois à moitié dans le bleu. Pas au point cependant de supposer, lorsque j'entends peu après : — Ksawery vous suit — que cela me concerne. Mais d'où vient le raccourci : Ksawery ? Après réflexion, je devine. (Je suis curieux de savoir si les Lecteurs aussi devineront...)

Nous accélérons cependant, je tiens fermement le fusil mitrailleur, les yeux sur le périscope, les oreilles dans les écouteurs. A présent tous les appels étrangers sont remplacés par la voix de mon chef, qui parle de façon assez directive, je suppose en langage chiffré :
— A gauche, Mikołajczyk, à gauche. Plus à gauche, Mikołajczyk !... Encore plus à gauche... Encore. Je vous dis à gauche, Mikołajczyk, et vous vous allez constamment à droite, Mikołajczyk !

Mon pressentiment ne m'a décidément pas trompé lorsque ce garçon m'a plu dès le premier abord, pensé-je, il dit des choses tout à fait sensées ! (Moi-même je les ai dites, mais moins énergiquement et pas dans un char.)

— Encore à gauche, Mikołajczyk — répète le lieutenant Rożek, et le char cette fois tourne si fort à gauche que je me fais une bosse. Il faut aussi faire attention parfois lorsqu'on tourne à gauche. Mais ça s'éclaircit quelque peu. C'est tout simplement le conducteur, mon voisin le plus proche, qui porte le nom de Mikołajczyk. Les instructions données par radio par le jeune lieutenant n'étaient pas adressées au

---

[61] « — Nelly, hello, vingt-sept, vingt-sept. » en anglais.
[62] « — Sept, nous arrivons, nous arrivons. Sept, huit. Dix heures vingt minutes... Dix heures... » en allemand.

premier ministre polonais en route pour Moscou. Elles concernaient un autre Mikołajczyk[63], opérant courageusement, mais avec un temps de retard, un virage à gauche de la route montant sur Falaise.

A mesure que nous avançons, la température monte et la radio est beaucoup moins cryptée :

— Ludwik, avez-vous vu d'où viennent ces tirs ? Arrêtez-vous et observez. — J'écoute, Zygmunt, j'écoute.

Devant notre char, à moins de cent yards, éclate soudain un obus. L'artillerie ou quelque gros mortier ? J'ai vu l'éclair de feu par le périscope, j'ai vu la cime d'un bouleau osciller et tomber, mais je n'ai pas entendu la détonation. Le blindage du char — les écouteurs — tout cela supprime les bruits de ce genre. Si cet obus était tombé encore plus près, mais en dehors du champ de vision du périscope, je n'aurais absolument rien su.

A notre gauche brûle une meule de foin. C'est un pré, nous avons en effet atteint le fond — d'ailleurs plat — de la vallée. Je ne sais pas de qui vient l'obus ayant incendié cette meule, de nous ou des Allemands ?

— Karol, il faut raccourcir le feu, m'entends-tu, Karol ?

— *Sieben, wir kommen, wir kommen. Achtung, neun, Pankratz, Achtung, neun, Pankratz.*[64]

De nouveau cette voix allemande, gutturale, désagréable ! (La prononciation de « Pankratz » sonne particulièrement dur. La faute à l'accent long sur le « a », puis sur le « tz »).

Entretemps on appelle de plus en plus souvent un certain Paweł. Il me semble que je reconnais cette voix qui appelle — serait-ce le

---

[63] Stanisław Mikołajczyk (1901-1966) succéda à Sikorski à la tête du gouvernement polonais en exil à la mort de ce dernier en juillet 1943. Il s'opposa résolument à Staline et aux communistes et après la guerre participa à un gouvernement de coalition de la République populaire jusqu'en 1947, puis quitta la Pologne et s'exila aux Etats-Unis.

[64] « — Sept, nous arrivons, nous arrivons. Attention, neuf, Pankratz, attention, neuf, Pankratz. » en allemand.

commandant ? Oui, c'est certainement le commandant. La voix qui répond en tant que « Paweł », en reprenant toujours ce refrain : Bien reçu, Paweł, bien reçu, Paweł, j'écoute, Paweł, j'écoute — c'est la voix du lieutenant Rożek. En fait nous exécutons les ordres émis à l'intention de Paweł. Nous parvenons à présent derrière ces arbres au fond, dans des fourrés. Je me rappelle l'ordre (« Allo, Paweł. M'entendez-vous ? Déviez de deux cents yards en direction du *kanap*[65]. En bordure de l'autre rideau. Attendez là-bas. Vous allez partir en mission. »)

— Lieutenant Pruszyński, vous pouvez ouvrir la trappe.

Ouf, le monde de Dieu est beau, tout de même, sur le côté de la route montant sur Falaise, en plein midi d'août ! Le nez de notre stuart est dans la végétation, l'horizon devant nous s'élève maintenant en ondulant, mais la vue n'est pas complètement bouchée.

Rożek cependant s'entretient longtemps à la radio. Après quoi il dit :

— Une mission spécialement pour nous. Nous allons partir à gauche vers les maisons là-bas pour reconnaître si l'ennemi y est.

Nous confrontons la carte et le territoire. Effectivement, à un mile peut-être de nous, là où la vallée fait un coude, on voit des murs blancs, un toit rouge, des toits gris, des arbres comme dans des vergers. Sur la carte figurent en noir les maisonnettes du hameau — beaucoup plus nombreuses que ce que nous pouvons distinguer d'ici — ainsi que le nom de Saint-Sylvain. Ce Saint-Sylvain est attenant à un village un peu plus important, dissimulé par une bosse et des arbres, mais visible sur la carte. Il s'appelle quelque chose comme Saint-Martin-des-Bois. Je m'en souviens pour avoir étudié la carte ce matin avec Rożek et remarqué ce Saint-Martin-des-Bois. Car il se trouve à gauche de la direction dans laquelle nous allons et touche de grands bois dans lesquels — comme on le sait déjà — sont les Allemands. A notre avis à

---

[65] Abréviation pour *kanadyjski pułk* (« régiment canadien ») ? La 1ère Division blindée polonaise a combattu aux côtés des 2ème, 3ème et 4ème Divisions canadiennes.

tous les deux, on peut s'attendre à quelque surprise venant justement de cette direction ; des « tigres » ou des « panthères » sont là-derrière dans les bois.

Peu après, nous laissons les autres chars derrière ce rideau et obliquons vers Saint-Sylvain. Nous pénétrons derechef dans des cultures hautes sur pied et opulentes. Mais à présent je suis à l'intérieur du char et en bas. Des épis désagrégés s'écrasent sur le verre du périscope, je vois les grains se répandre en fusant dans l'air. Drôle de combinaison que ce char si martial et ce grain doré défiant la guerre en ruisselant comme sous une moissonneuse-batteuse. Le char avance à vive allure. Mikołajczyk met les gaz. Il hésite néanmoins sur la direction à prendre. Mais une fois que Rożek l'eut bien guidé, tout va bien. En deux-trois mouvements — nous voici devant des maisons, des jardins, des murets de pierre. C'est midi et le vide. Saint-Sylvain.

Nous nous trouvons à deux cents yards de ses maisons, arrivant du côté des champs. On ne voit rien.

— Conducteur, demi-tour en direction de la route.

Le char fait demi-tour dans les blés. Nous nous éloignons du village de quelque deux cents yards. Ladite route est apparue comme un éclair dans ma perspective lors du demi-tour, nous nous trouvons à présent face à elle. Nous allons nous y engager incessamment. Mais comme elle se trouve en contrebas du champ et qu'il y a un dénivelé, Mikołajczyk est prudent.

Peut-être est-il prudent pour une autre raison également... Cette petite route n'inspire pas confiance. C'est un *chemin creux*[66] typique, comme il s'en trouve en Bretagne-Normandie. Il y a même une chanson qui a pour refrain : « *par le chemin creux* ». Une belle et sentimentale chanson. Mais vu du char le *chemin creux* a une allure moins engageante. C'est une route encaissée dans les terres comme une grande ornière. Comme un petit ravin. Et envahie de buissons des deux côtés. Dans un char on n'aime pas les buissons.

---

[66] En français dans le texte.

SUR LE CHAMP DE BATAILLE EN NORMANDIE

— Accélère, Mikołajczyk ! Droit devant !
Effectivement, Mikołajczyk accélère fortement. Nous sommes déjà engagés dans la route. Dans le périscope, les buissons se sont écartés sur les côtés, bousculés par le char. Et soudain, dans cette étroite fente du périscope, quelque chose qui n'est pas un buisson bondit sur la route. Une nuque rouge, bronzée, des cheveux coupés ras. Le dos d'une veste verdâtre, différente des nôtres, sur lequel se croisent des bretelles. Des brodequins montants. En voilà un, deux, trois. Ils ont sauté en bas de ces buissons, nous tournant le dos. Des Allemands !

Il n'y a rien de plus automatique pour un char que d'entrer en vibration au bruit des coups de feu. Un petit canon, deux fusils mitrailleurs, c'est largement suffisant. Une seule détonation, la première, qui couvre le bruit du moteur, de la fumée, de la poussière sur la route. Je n'ai encore jamais vu d'aussi près un homme tomber. Comme si on l'avait ceinturé aux genoux.

— En arrière !

Nous nous retrouvons dans le champ. Saint-Sylvain est à nouveau devant nous. Toujours aussi silencieux ! Maintenant nous sommes fixés.

— Feu sur ces buissons !

J'appuie sur la détente comme l'instant d'avant, mais moins automatiquement. La cible alors se trouvait devant nous. (Quels ballots — se dit chacun d'entre nous — ils n'ont pas su résister ! En bordure de cette route, en hauteur, dans les buissons, nous ne les aurions jamais remarqués. Ils pouvaient nous avoir comme rien, se cacher, rester à leur place. Ils se sont précipités droit sous nos coups de feu. Les nerfs). Ces premières réflexions sont bizarres. On en voudrait presque à ces Allemands.

Nous avançons dans des blés, nous rapprochant du village. Nous tirons plus loin, notre petit canon fait voler la poussière sur un toit. On voit ses tuiles rouges danser sous les coups de feu. Mais une autre impression prend le dessus. Moi-même je suis incapable de la définir au premier abord, bien que j'aie ressenti cette bizarrerie déjà là-bas, avant que cet Allemand ne se viande. Quelque chose de si bizarre... Quoi ?

Ah, je sais...
Oui. Sur la route ce n'était pas si prenant. Primo, on se battait. Secundo, il n'y avait pas de blé. Ni de grain. C'est maintenant seulement que naît cette association d'impressions bizarroïdes, alors que, pataugeant dans les champs de blé, ayant ouvert le feu sur ce village, on voit dans le verre du périscope ses balles traverser les airs...
Voir les balles voler ? Imagination d'écrivain ? Pas du tout ! Tout simplement — progrès technique. Les balles d'un fusil mitrailleur sont traçantes. On voit parfaitement voler chacune d'elle, telle une abeille dorée, lumineuse, ellipsoïde aérien, suivie d'une troisième, dixième, quinzième. Comme sorties d'une ruche. Un essaim entier.
Et ces balles traçantes me rappellent encore quelque chose d'autre. Du grain. De la même façon, de manière semblable, les grains de blé trop mûr jaillissaient des épis désagrégés par le char, cognant contre le verre du périscope. Dans un instant, si nous continuons à rouler dans ce champ, si nous ne cessons pas de tirer, cela va se synchroniser. Comme s'il avait entendu cette réflexion, Mikołajczyk accélère à nouveau. Quelque chose a bougé là-bas dans les haies. J'appuie à nouveau sur la détente. Dans la fente de verre du périscope se mélangent et dansent à présent les balles traçantes du CKM[67] et les projectiles dorés du grain. Et se produit une douloureuse et stupéfiante association d'idées, née de cette similitude entre des choses qui pourraient apporter la vie et d'autres porteuses de mort.

De cette reconnaissance à Saint-Sylvain, de cette embuscade allemande avortée, de ces cadavres dans le *chemin creux*, et de toute la suite de l'après-midi et du soir — cette impression de voir danser de concert les grains et les balles restera la plus marquante. Rien ne pourra plus l'effacer. (Il y eut d'ailleurs ensuite une autre mission, où nous nous sommes retrouvés plutôt sur l'aile, derrière un talus, alors que des cromwell se sont rapprochés du village, mais n'ont pu garder

---

[67] Abréviation pour *Ciężki Karabin Maszynowy* : mitrailleuse lourde.

SUR LE CHAMP DE BATAILLE EN NORMANDIE

leur position).

Le soleil était déjà couché lorsque nous rebroussions chemin pour la nuit. Les chars se rassemblaient devant une ferme déserte, de couleur verte ; ils se présentaient à la queue leu leu, on parlait des pertes. J'ouvris ma trappe. C'était un plaisir de pouvoir respirer.

— Que de grains ! — m'étonnais-je — il y en avait dans toutes les anfractuosités du char, à l'extérieur.

— Pas seulement des grains — sourit le lieutenant Rożek — il y a aussi des choses comme ça...

Juste au-dessus de ma trappe, devant la tourelle, il y avait un éclat d'obus, de forme allongée, poli par l'explosion.

A quel moment il a pu arriver là — on ne sait pas. Un char n'a conscience que des obus l'atteignant de plein fouet.

Cette nuit-là, sous le char, à l'écart de la route, nous avons bien dormi en dépit de l'artillerie.

« La Nouvelle Pologne » 1944, t. III,9.

Le Camp de Coëtquidan en 1939-1940 (Archives IWM)

POUR LA TETE D'UN ROI NEGRE [68]

Au 10ème Régiment de Chasseurs à cheval (10. PSK)

J'étais à l'époque tout nouveau au régiment et quand notre longue colonne blindée se mit en route le matin, on me fourra dans un gros camion, un deux tonnes : un maréchal des logis était au volant. Jasiek[69] lui serra la main, fit les présentations et dit que c'était les archives vivantes du régiment ; moi j'eus comme l'impression que ce n'était pas seulement les archives, mais aussi un bar vivant, car en dépit de l'heure matinale ça sentait déjà l'alcool, même davantage que le cambouis. Les véhicules s'ébranlèrent, les chars firent grincer leurs chenilles sur l'asphalte, le fracas se propageait dans les airs, les enfants sortaient devant les maisons, se bouchant les oreilles de leurs doigts maigrelets, les filles faisaient davantage signe que d'habitude et d'une façon quelque peu différente, comme si elles savaient — et elles savaient certainement — que cette fois toutes les divisions de l'armée d'invasion ne partaient pas pour de quelconques manœuvres, mais pour tailler la route : direction le sud de l'Angleterre. Le soir nous devions être à Aldershot[70], où j'ai été une fois en *stage*[71], et de là, direction le port, embarquement sur des navires pour la France. Je dépliai le journal où figuraient des nouvelles fraîches du secteur d'Arromanches, et où l'on commençait à parler de Caen. Mais encore rien à

---

[68] 7ème récit du recueil *Trzynaście opowieści* (Treize récits) publié en 1946.
[69] Jeannot.
[70] Ville du Hampshire, au sud de l'Angleterre, où se trouvait une base d'entraînement militaire.
[71] En français dans le texte.

propos de Falaise. Les archives vivantes du régiment ne semblaient pas très loquaces. J'essayais d'engager la conversation à propos de ceci ou cela, ou encore d'autre chose, car la route était d'une rectitude monotone, endormante. Mais le maréchal des logis n'embrayait pas, j'en venais à penser qu'il ne se s'apprivoiserait jamais, et ce n'est qu'après lui avoir demandé s'il connaissait la France qu'il se mit à trembler d'indignation.

— La France ? Moi, mon lieutenant, j'ai été deux fois en France. Deux fois en tant que militaire, bien sûr, pas comme ça, oh ! Pour moi la France — c'est mon arrière-cour, mon lieutenant, comment pourrais-je ne pas la connaître ? Ou encore l'Italie ? Quand on parle à la radio du front italien, moi je prête l'oreille pour savoir si les nôtres sont arrivés ou non à Udine. Ou à Lamadria di Chiavasso — vous savez au moins ce que c'est Lamadria di Chiavasso, mon lieutenant ?

— C'est à côté de Turin. On y a constitué le régiment.

— C'est pas que ce soit si proche que ça de Turin, mais c'est pas trop loin non plus. Mais bon. Comment ne devrais-je pas connaître la France, puisque je connais Lamadria di Chiavasso[72] ? Le berceau du régiment, comme dit l'aumônier ; le repaire de toute cette clique du régiment, comme dit le commandant. Le nid du 10ème régiment de chasseurs à cheval, de nos gars de Łańcut[73], les *yellow green*[74] comme disaient les Ecossaises. D'après les couleurs du régiment, mon lieutenant. Lamadria di Chiavasso ! Ah, si vous aviez été alors avec nous à Lamadria di Chiavasso, mon lieutenant ! Mon Dieu ! Mon Dieu ! Depuis le début à Lamadria di Chiavasso ! Dès 1918 !

— Comment êtes-vous arrivé là-bas en 1918 ?

Le maréchal des logis se mit à expliquer lentement, comme on explique aux recrues la visée en triangle.

---

[72] Plus exactement La Mandria di Chivasso, où se trouvait un camp militaire polonais établi en 1918 en Italie et dépendant de l'armée polonaise en France.
[73] Le 10 PSK, issu d'un escadron formé à La Mandria di Chivasso, fut stationné à partir de 1921 à Łańcut, ville du sud-est de la Pologne actuelle.
[74] « jaune vert » en anglais.

— C'est pas difficile, mon lieutenant. Gamin je me suis engagé dans les Légions[75], mais pour moi ce n'était pas le pied, au point qu'on s'est révolté ; on a refusé de prêter serment — vous en avez peut-être entendu parler, mon lieutenant ? Esclandre, on nous a enfermés, jugés, et graciés en nous envoyant sur le front italien. En uniforme autrichien, s'entend. Normal. Quelque chose comme une semaine après nous avoir envoyés dans ces montagnes, je suis passé la nuit du côté italien. J'avais entendu dire que d'autres le faisaient. Les Italiens — c'est des gens bien, je vais faire pareil. C'est quelqu'un qui, sur le quai de la gare de Graz où nous étions arrêtés, m'avait mis dans le tuyau de l'oreille que là-bas on formait les nôtres. Bien. La nuit était belle, ni trop sombre, ni trop claire, à peu près deux heures du matin, le meilleur moment : les Croates dans la tranchée ne se sont aperçus de rien. Par contre chez les Italiens je suis tombé tout de suite sur un avant-poste. Il y avait là-bas quelque douze hommes avec un officier. Ils avaient de ces énormes plumes, de coq je crois, sur la tête et il m'a fallu bien secouer la sentinelle par la manche pour qu'elle consente à se réveiller, mais quand elle a crié elle a réveillé aussi les autres en criant, et ils ont voulu tout de suite se rendre. Ils disaient *abasso la guerra*[76] et parlaient de je ne sais qui en disant que c'était un *porco*, moi je ne savais pas encore l'italien et j'ai eu beaucoup de mal à expliquer que c'était moi qui voulais me rendre. Oui. Les Italiens — de bonnes gens, mon lieutenant.

— Et alors ?

Alors on m'a conduit au poste des carabiniers. Ceux-là en revanche voulaient me fusiller car ils pensaient que j'étais un agent révolutionnaire envoyé par l'état-major autrichien. Et comme je continuais à ne pas savoir l'italien, mes affaires ne s'arrangeaient pas. Mais j'ai

---

[75] Les Légions étaient des unités formées de militaires polonais combattant aux côtés des troupes des pays belligérants lors de la Première Guerre mondiale, alors que la Pologne, partagée entre l'Allemagne, la Russie et l'Autriche-Hongrie n'existait pas en tant qu'Etat indépendant.
[76] « à bas la guerre » en italien.

demandé un curé. Cela a divisé les carabiniers. Le capitaine était en effet un ennemi du pape et, apprenant que j'étais catholique, voulait me fusiller d'autant plus vite, mais le lieutenant venait de Naples, avait une tante comtesse en Sicile, croyait en Dieu et écoutait le pape. Le capitaine finit par céder et on m'expédia en bas dans la vallée, chez le curé de la bourgade. Le curé avait été un jour en Pologne et aimait les Polonais. Il m'accompagna chez le général. On m'envoya dans un camp de prisonniers, spécial pour les Polonais. De là à Carabia. Une petite localité dans la montagne, ne payant pas de mine, de bonnes gens. Puis dans cette Lamadria di Chiavasso. C'est là qu'est né mon régiment.

Notre 10ème régiment de chasseurs à cheval. Vous connaissez leurs couleurs vert-jaune. Le régiment de reconnaissance de la division.

On nous a donné des uniformes italiens et des fusils américains. Encore un peu, nous avions sur la tête les mêmes chapeaux italiens à plumes de coq que ces carabiniers. Mais on n'a pas voulu. On s'est fabriqué de petits aigles blancs en étain — on les coulait sur une pierre — les mêmes que ceux-ci. Nous les portions sur nos bérets. Ensuite nous sommes partis en France, où il y avait davantage de Polonais. C'était l'hiver 1918. On s'est trimballé loin et pendant longtemps, à travers toute la France, dans de méchants trains locaux. J'en étais à ne plus savoir où nous étions quand on nous a débarqués dans une petite gare minable. Au-dessus de la gare il y avait une inscription tellement courte que j'ai pu la retenir facilement : GUER.

A six miles de là il y avait un grand camp militaire, un des plus grands que je connaisse en Europe. Et j'en connais un paquet ! Là-bas il y avait de grandes baraques en bois, des latrines en briques, un peu de pins et beaucoup de bruyères, et trois vieux stands de tir. Le portail d'entrée arborait les armes de la Bretagne, car c'était en Bretagne, et derrière le portail le long de la route une petite ville avait poussé au contact de ce camp, composée uniquement de *cafés*. *Café Victoire, Café du bon soldat, Café du vaillant caporal, Café Hortense, Café*

POUR LA TETE D'UN ROI NEGRE

Madelon[77] et encore d'autres ; on y trouvait du calvados hors de prix, du mauvais café, de la vinasse et des femmes perdues. Vous ne trouverez pas cette petite ville sur la carte, et elle n'a pas de nom officiel. Au camp, les soldats français l'appelaient Putainville, les nôtres Trous-à-putes, et s'il y avait eu des Anglais là-bas, ils l'auraient certainement appelée Pin-up-girls-town, ou même encore d'un nom plus explicite, mais je ne veux pas le dire, car les Anglais sont très pudiques. Mais il n'y avait pas d'Anglais là-bas, à eux on leur avait construit un superbe camp aux abords de Rennes avec une route asphaltée pour y aller, et Rennes jouait pour ces boys le même rôle que Putainville pour les nôtres. Vous prendrez un whisky ? Dans cette gourde. Dès que nous aurons passé cette bourgade je vous raconterai la suite.

— Le camp lui-même avait un nom long et difficile, qui pour moi était aussi difficile à retenir que pour un Anglais un nom polonais se terminant par ski. On nous a donné des uniformes français et on a gardé les fusils américains, nous avions nos entrées à Putainville, et je suis même allé deux fois à Rennes. On a défilé deux fois devant des généraux français dont les képis dégoulinaient d'or et les barbichettes blanches faisaient penser à des boucs, on nous a remis un étendard avec la Vierge Marie, brodé par de charitables dames d'une ville dont j'ai oublié le nom, un orchestre français a joué notre hymne national et notre Président du Comité National ainsi que le Président de la République Française ont passé en revue nos escadrons. Le président français était tout à fait comme sur les photos. Vous savez de quelle longueur sont mes moustaches. C'est peut-être elles qui ont attiré son attention, car il a dit quelque chose à propos de Sobieski[78] et a demandé d'où j'étais.

---

[77] En français dans le texte.
[78] Jean III Sobieski, roi de Pologne de 1674 à 1696, a épousé la Française Marie-Casimire-Louise de la Grange d'Arquien, surnommée Marysieńka.

« *De Wolica*[79] — ai-je beuglé — *mon président* ». Le président a souri, mais un fringant commandant polonais qui trottinait derrière lui m'a soufflé : *Votre Excellence*, ce qui ne voulait pas dire que j'étais une Excellence, mais qu'à un président il fallait dire *Votre Excellence*. Mais le président n'a pas réagi, se contentant de dire — « *Et où est-ce qu'elle se trouve votre Volitsa, mon garçon ?* » — J'ai dû bredouiller quelque chose, et lui — « *Eh bien, laissez-le pour dit, la République Française vous rendra votre Pologne et votre Volitsa avec*[80] ». Et on a joué les hymnes nationaux français et polonais, les officiers sont allés avec le président au mess et ont porté divers toasts, tandis que nous nous sommes allés aux filles à Putainville. Les filles ne se réjouissaient nullement de nos honneurs, mais pleuraient : « *lis les journaux, idiot, les Allemands avancent sur Arras, il y a une nouvelle trouée vers Compiègne*. Tu ne verras rien de la Pologne ni de ta Wolica, ils te mèneront à l'abattoir et tu périras comme tant d'autres gars avec lesquels j'ai couché dans ce lit ». Et elles parlaient très mal de leur président et de ces dames qui nous avaient brodé notre étendard. C'étaient pour sûr des filles immorales, bien que gentilles avec nous. Même qu'elles ne nous écorchaient pas.

C'était effectivement le moment de l'offensive allemande de printemps. Les Allemands avancèrent très loin. Plus tard on a bien sûr minimisé cette phase, mais à l'époque on pensait autrement, comme en Angleterre en 1940. A ce moment-là, non seulement chaque régiment, mais aussi chaque peloton, comptait. Comme ensuite chaque pilote d'hurricane[81]. Oh oui ! Et comment ! Le moral des soldats français sur le front avait lui aussi évolué au cours de ces quatre années ; dans les

---

[79] Sans doute le Wolica du district de Stary Konstantynów, village natal de l'auteur, qui se retrouva en Ukraine après la Première Guerre mondiale (Volytsia en ukrainien).
[80] Tous ces passages en italique figurent en français dans le texte.
[81] Le Hawker Hurricane est un chasseur de la Royal Air Force, notamment engagé lors de la Bataille d'Angleterre qui se déroula de juillet à octobre 1940.

tranchées apparaissaient des tracts, sur les barbelés se voyaient des drapeaux rouges, et on parlait beaucoup de Lénine et de ce qui s'était passé en Russie. Nos régiments partirent au combat. Ils étaient composés de Polonais du monde entier. De Russie, d'Allemagne et d'Autriche, des Etats-Unis, de Corée, du Chili, du Maroc, d'Islande, comme à présent. On leur avait dit qu'ils vont se battre pour que leur Pologne existe, qu'ils seront comme les Belges qui ont leur Belgique, et les Suédois qui ont leur Suède, et les Bulgares qui ont leur Bulgarie — exactement comme maintenant. « La Nation d'où sont sortis Chopin et Copernic, et Paderewski[82], et tant d'autres, a droit à ce que possède toute nation ». C'est ce qu'écrivait à l'époque un grand Anglais et il nous semblait qu'il en serait ainsi — à condition de bien se battre pour eux.

Et nous nous sommes bien battus, et même très bien, à en juger par les ordres du jour du corps, de l'armée, du front, et même du commandant en chef. Les distinctions pleuvaient. A vrai dire nous avions remarqué après quelque temps que, pour le quart de ce qu'accomplissait un Polonais, un Français aurait obtenu la rosette de la Légion d'Honneur depuis longtemps, et que notre temps de présence en première ligne était au moins deux fois plus long de celui des régiments non-polonais, bien que nous restions le même temps qu'eux en réserve et, une fois même, moins longtemps. Il y avait à côté de nous une division de tirailleurs sénégalais. Tous noirs et très courageux. Eux aussi restaient longtemps sur le front — encore plus longtemps que nous — et, de même que nous, peu de temps en réserve. Les distinctions et citations à l'ordre du jour leur arrivaient plus difficilement qu'à nous. Nous aimions ces petits Noirs et eux aussi nous aimaient, mais nous ne pouvions comprendre pourquoi ils étaient venus se geler en Europe

---

[82] Ignacy Paderewski (1860-1941) est un pianiste-compositeur, homme d'Etat et diplomate polonais, ardent défenseur de la cause d'une Pologne indépendante. Après la Première Guerre mondiale, il fut représentant de la Pologne redevenue indépendante à la conférence de la paix à Paris et signa à ce titre les traités de Versailles et de Saint-Germain-en-Laye en 1919.

et mourir dans la boue des Flandres. Eux non plus ne comprenaient pas pourquoi nous le faisions. Ils nous apprirent qu'on leur avait expliqué qu'une expédition punitive allemande, il y a de cela vingt ans, avait volé aux Nègres du Congo la tête desséchée de quelque roi, ou prêtre, ou général — leur sacralité nationale, et l'avait placée dans un musée berlinois.

On leur avait dit que si les Noirs allaient se battre en Europe, alors les bons alliés, une fois parvenus à Berlin, récupéreraient la tête desséchée et la renverraient au Congo — et les alliés sont des gentlemen et tiennent parole. « Vous comprenez maintenant, Polonais, disaient les Noirs, pourquoi nous nous battons aux côtés des Grandes Démocraties de l'Occident. Et vous, ces vilains Allemands vous ont-ils également volé quelque tête d'officiel ? »

Le maréchal des logis dut ralentir pour laisser passer des tracteurs américains, ensuite nous avons dépassé un terrain d'aviation sur lequel des engins atterrissaient et décollaient dans un impossible vacarme. Puis il poursuivit :

— Nous avons passé aux côtés des alliés l'été de guerre le plus pénible — non pas 1940, comme vous le pensez certainement mon lieutenant, mais 1918. Je parle en effet de l'autre guerre, pas de celle-ci. En automne l'aide américaine amena la victoire. Après de nombreux mois, ce qu'il restait de nos régiments gagna la Pologne, de même que les petits Noirs qui étaient à nos côtés dans les tranchées rentrèrent dans leur Sénégal ou Congo, dans leurs plantations, leurs petites forêts, auprès de leurs femmes, de leurs caciques. A condition d'être toujours vivants, bien sûr. Je ne sais pas si on leur a rendu ou non cette tête desséchée, mais j'ai entendu dire que dans le traité de Versailles il y avait un paragraphe à ce sujet. Mais peut-être que les Allemands ne l'ont pas respecté, comme ils n'en ont pas respecté tant d'autres, et que les alliés, eux, n'ont peut-être pas veillé au respect de cet engagement, comme ils ne l'ont pas fait pour beaucoup, beaucoup d'autres.

En Pologne, vous le savez, nous avons eu encore beaucoup, énormément, de travail avant que l'autorité polonaise ne remplace les autorités allemande, russe et autrichienne. Moi j'étais blessé, je suis resté longtemps à l'hôpital, et je suis retourné ensuite à mon régiment, qui jadis était né en terre italienne. Et ne suis jamais revenu dans ma Wolica natale, malgré ce que m'avait promis si explicitement et personnellement le Président de la République Française. Wolica, et pas seulement Wolica, ne sont pas entrés dans la Pologne libre. Que me fallait-il faire ? Le régiment devint ma maison familiale à la place de ce Wolica. J'y suis resté pour de bon. J'ai survécu à sept commandants du régiment, une douzaine de manœuvres, et vingt années. J'ai même survécu à une grande révolution. Notre régiment fit partie des deux régiments de cavalerie en Pologne qu'on motorisa en 1938. Au lieu de chevaux, on avait des moteurs. Quel choc ce fut ! Quelle honte ! Les anciens, les capitaines et maréchaux des logis amoureux de leurs chevaux considéraient que c'était la fin du régiment ! Quelle déchéance ! Si au moins on pouvait tenir jusqu'au vingtième anniversaire de la création du régiment ! Ce fut le cas. Le jour du vingtième anniversaire de la naissance du régiment de cavalerie polonaise en terre italienne, on s'exerçait encore à cheval. Mais ensuite vinrent les moteurs... Combien y a-t-il encore d'ici à Bedford ? Quarante miles ? Si nous ne rencontrons pas d'obstacles sur la route, je vous raconterai le reste de l'histoire, mon lieutenant.

L'année noire de 1939 nous trouva sur nos moteurs. Nous avions des chars légers, pas trop mal armés, pas trop mauvais en comparaison des chars allemands actuels ; mais que faire si pour chaque char de chez nous il y en avait trente de chez eux, sans parler des avions dans les airs. La brigade motorisée à laquelle nous appartenions entra dans la bagarre avant que la France et l'Angleterre n'entrent officiellement en guerre. Quelle bagarre ! Combat le jour, recul la nuit, et de nouveau combat, et de nouveau recul. Nous reculions en combattant le long de tout le piémont des Carpathes, suivant les vallées des montagnes. Nous montions des embuscades contre les divisions allemandes dans les forêts, les montagnes, les défilés. Nous étions toujours dans un rapport de 1 à 3, de 1 à 5. C'est ce que mentionnaient les ordres. Jamais autre chose. Nous percions les encerclements allemands — c'était dur de toujours reculer ainsi, mais nous savions que nous, les uniques chars polonais, nous occasionnions de plus grands dommages aux Allemands que la cavalerie avec ses chevaux et ses lances. Les blousons en cuir noir de nos officiers étaient bien connus des divisions allemandes. « Die schwarze Brigade » — ainsi nous appelait-on. La Brigade noire de ce septembre noir polonais.

Le jour final finit par arriver. Nous n'avions plus de munitions. Les Allemands nous rattrapaient de partout. Les villages et les villes autour de nous étaient en flammes, au loin Varsovie brûlait, et plus loin encore, au bord de la mer, combattaient les fortifications de Hel[83]. C'était la fin. Acculés contre la frontière hongroise, nous la franchîmes en déposant les armes. Nous fûmes internés.

Ce fut un moment difficile, ô combien ! Il n'y avait plus ni Pologne, ni régiment. Mais il y avait la guerre, et donc il pouvait y avoir la Pologne, et il devait y avoir le régiment. Les Polonais avaient connu trop de prisons dans leur vie pour ne pas pouvoir s'en échapper. Après quelques semaines déjà les gens refluaient de Hongrie, de Roumanie, des camps, des bastilles et des prisons, vers la France. Moi je fus blessé deux jours avant de franchir la frontière et hospitalisé dans un hôpital hongrois, si bien que j'en sortis plus tard. Je franchis à la nage une rivière à la frontière de la Hongrie et de la Yougoslavie. On m'a tiré dessus dans les montagnes avant Trieste. Mais il y avait une tempête de neige car c'était déjà décembre. En janvier je partais pour la France.

Je me souviendrai toujours de cette journée, car pendant plusieurs semaines après ce départ j'avais l'impression de rêver un cauchemar. L'impression que tout ce qui s'était passé avant revenait. Me croirez-vous ? La gare était la même ! La même qu'en 1918, quand — l'hiver également — nous avons quitté l'Italie pour la France. Je me disais : imbécile, pourquoi t'en faire ? Qu'est-ce que ça peut faire si les montagnes au-dessus de Modane sont toujours les mêmes ? Evidemment

---

[83] La péninsule fortifiée de Hel sur la côte baltique fut une poche de résistance pendant tout le mois de septembre 1939.

qu'elles sont les mêmes, quoi d'étonnant à cela ? Qu'on passe par Modane pour aller en France ? Et alors ? Il n'y avait pas encore de 10ème régiment de chasseurs à cheval, et même pas encore de chemin de fer, qu'on passait déjà par Modane pour aller en France. Que la petite gare frontalière est toujours la même ? Qu'y a-t-il d'extraordinaire à cela ? Cent mille petites gares comme celle-ci sont restées comme elles étaient, ici en France, en Espagne, en Bulgarie, en Allemagne, en Russie, dans ta Pologne. Mais deux gendarmes sont entrés : un Polonais et un Français. Mon cœur s'est mis à battre. Oui. A l'époque, vingt ans auparavant — non vingt-et-un, deux gendarmes également étaient entrés, un Français et un Polonais. En plus, à l'époque comme ce jour-là, c'était le soir, il faisait noir, la gare n'était pas éclairée, on ne voyait pas les visages. On aurait même pu penser que c'étaient les mêmes gendarmes. Visiblement, même les horaires étaient restés les mêmes, on passe la frontière à Modane habituellement le soir.

Me croirez-vous, je savais comment sortir de la gare à Modane. Quoi d'étonnant si le baraquement était le même qu'il y a vingt-et-un ans ? Dans la lumière chiche et faiblarde il apparaissait comme si je l'avais quitté cinq minutes auparavant. Un passage traversait le baraquement en son milieu — comme à l'époque — des deux côtés il y avait de la paille, et dessus des Polonais. Je me demandais si je reconnaîtrais l'emplacement où je couchais à l'époque. C'était à main gauche, plutôt du côté du poêle que de la porte ; mais je n'ai pas pu m'en souvenir exactement. Du reste il y avait là des étudiants de Poznań. Jusque tard dans la nuit on a bavardé dans le baraquement comme on avait bavardé dans ce même baraquement vingt-et-un ans auparavant. Exactement, à en rire jaune. A propos de la Pologne, de son avenir, de la famille, dont on n'avait pas de nouvelles ; d'un frère fusillé, d'une mère déportée, d'une maison qui avait brûlé, et de beaucoup d'autres choses peu réjouissantes, dont les gens à l'Ouest n'aimaient pas entendre parler car cela dérangeait leur digestion. On parlait exactement comme on parlait à l'époque, et même sur le mur il y avait comme avant : l'Aigle Blanc, la Sainte Vierge et Paderewski. Sikorski était accroché au-dessus de ma tête et je ne savais pas si j'étais encore en train d'écouter ou si déjà je rêvais. J'étais à la fois en 1918 — et exactement vint-et-un ans plus tard... Combien reste-t-il encore de miles jusqu'au point de passage de la division ? Dix-huit ? Alors on a encore le temps.

Le lendemain, le petit matin ressemblait certainement à tant d'autres petits matins de janvier au pied des Alpes, et je me le suis répété une dizaine de fois. Certes, mais que faire, mon lieutenant — si pour moi ce petit matin était pareil à cet autre ! Nous sommes montés dans le train. En raison du secret militaire — vous savez quel paranoïa il y a autour de ça — on ne nous a pas dit où nous allions. Mais vers midi à peu près nous étions à Chambéry. Là-haut dans le ciel bleu pâle, la couronne dentelée des Alpes était de la même impressionnante blancheur de neige qu'à l'époque, et que toujours. Nous avons effectué un changement dans ce Chambéry. Nous avons bifurqué vers l'ouest.

Le sort s'était visiblement acharné à se répéter. Nous avons traversé la France pendant trois jours et deux nuits, avec treize changements, dans de petits wagons d'un autre siècle, qui donnaient l'impression de vouloir se disloquer au prochain virage. Les locomotives sortaient de chez Mémé la Trottinette, soufflaient comme des haridelles, et il ne faisait aucun doute que les chemins de fer du Plateau Central[84] français n'avaient en rien cédé aux sirènes du progrès. C'est ainsi que nous sommes arrivés à Tours. Juste avant de repartir, un autre train est arrivé dans l'autre sens, lui aussi bondé de recrues pressées de combattre sur le sol français. Aux fenêtres de ses wagons regardaient, curieux, apeurés, tristes, soumis, et surtout frigorifiés, des visages que je me rappelais bien avoir vus l'année 1918 en Flandres. C'était un train plein de Noirs. Un énorme train. J'ai failli leur demander ce qui les amenait à nouveau en Europe ; cet article du traité de Versailles concernant la tête desséchée du roi nègre n'avait-il pas fait partie des peu nombreux articles de ce traité que l'Allemagne de Weimar avait dû daigner respecter ? Mais notre train a démarré très lentement et je n'ai

---

[84] En français dans le texte, sans doute pour « Massif Central ».

rien pu demander alors que devant mes yeux défilaient aux fenêtres, toujours de nouveaux, mais toujours les mêmes, visages noirs. C'était le soir et la tristesse m'envahit. Peut-être après tout, ai-je pensé, les Allemands n'ont même pas respecté cet article-là du traité de Versailles et les Noirs combattent une deuxième fois pour la tête desséchée de leur héros ?

A mon âge on ne voyage pas impunément assis sur des bancs de bois dur pendant trois jours et deux nuits. Aussi, je finis par devenir indifférent à tout, par où nous passions et où nous allions, et puis je me suis endormi et j'ai même oublié de me réveiller à la gare terminus.

— Hé, debout, debout, maréchal des logis — me criait-on. — On est arrivé, on descend.

J'ai ressenti un soulagement d'être enfin arrivé au terme de ce calvaire, je me suis étiré et j'ai suivi les autres. A ce moment-là, je ne pensais qu'à ce qui se passerait maintenant, tout de suite, et non à ce qui s'était passé un jour. J'oubliai tout-à-la fois Modane, les Noirs, l'année dix-huit.

Je voulais cependant savoir où nous étions. Inutile de le demander à quelqu'un parmi mes camarades ; d'ailleurs nous sortions, je l'apprendrais bien tout seul. Nous étions comprimés, et celui qui sortait devant moi était un peintre de Lwów, grand et large d'épaules. Quand il finit par sauter en bas des hautes marches du wagon, le monde se dévoila à moi. Le monde — c'était une toute petite gare, qui me parut immédiatement avoir un air de famille. J'ai relevé les yeux et lu l'inscription. Elle était courte, facile à retenir. Elle ne comportait que quatre lettres sur fond blanc. GUER. Guer.

Vous pensez peut-être, mon lieutenant, que ça m'a découragé, comme à Modane ? Mais pas du tout. Je ne sais même pas pourquoi, peut-être avais-je bien dormi. Nous avons marché en groupe directement jusqu'à ce camp — pouvait-on aller autre part ? — à droite et en montant. La route était la même, plantée de saules sur les côtés, encaissée dans les terres, bretonne. Des pommiers à cidre dans les champs. Des maisons pauvres. Et enfin on a vu fleurir le camp sur la hauteur, le même qu'à l'époque, seules quelques baraques avaient été ajoutées et quelques vieux pins abattus. Le même portail, les mêmes cantines, le mess des officiers au fond, l'hôpital à droite, des latrines surélevées, les armes de la Bretagne. Je vais sur la place et vois : près du magasin — le même magasin — qui est-là ? Le capitaine Wysocki ! C'est le capitaine Wysocki !

Je savais qu'après l'autre guerre il avait quitté le régiment, qu'il vivait en France et, paraît-il, s'était battu en Espagne. Ce bon vieux capitaine Wysocki. Un officier, mais pas comme les autres. Presque un frère ! Il avait les cheveux blancs. Son visage s'était ridé comme une pomme, mais il ne s'était ni voûté, ni n'avait grossi. Sec, comme avant. Il m'a tout de suite reconnu.

— Vous ici ?? Un instant, un instant... C'est comment votre nom déjà ? Attendez ! Je vais le retrouver. Bien sûr, Lendzion ! Wojciech Lendzion ! Du premier ou du deuxième ? Eh oui, du deuxième. Bien sûr que je me souviens de vous. C'est vous qui à Lamadria en Italie couliez dans l'étain ces petits aigles blancs pour tout le régiment. Attendez ! J'ai encore votre petit aigle.

Le capitaine cherchait dans son portefeuille et ne put trouver pendant longtemps, et moi la tristesse a voilé mon regard et ma gorge s'est serrée. J'ai donc baissé la tête, ne voyant que les mains du capitaine fouillant nerveusement dans ce portefeuille. Jusqu'à ce que quelque chose d'argenté se mette à briller. Je le reconnais. Le capitaine regarde ce petit aigle, moi aussi je le regarde, à lui il rappelle à la fois sa jeunesse, ces temps jadis, ce à quoi on croyait, ce qui ne s'est pas réalisé, et ce qui maintenant s'est écroulé. Tout ce qui n'est pas. Et on ne se regarde pas dans les yeux, mais on regarde uniquement ce bout de métal brillant. Et qui sait ce qui se serait passé ? Peut-être me serais-je mis à chialer en plein milieu de ce camp français, moi qui à l'hôpital, quand on me découpait à vif, ne faisait que chanter ; peut-être me serais-je mis à chialer s'il n'y avait pas eu le capitaine. « Alors, on se fait un aigle comme ça ? Car ici on est en train de former un régiment, tu comprends ? Le même qu'à Lamadria. Le même que celui qu'il y avait ici. Les uniformes à nouveau seront français. Les armes, américaines, paraît-il. Et des petits aigles, il en faut d'urgence. Tu les feras ? »

Et moi, comme dans l'ancien temps, j'ai répondu :
— Oui, citoyen-capitaine !
— Et de l'étain et un moule, tu en as ?
— On en trouvera !
— Alors, fonce ! Ah oui, notre baraque est le K.220. Souvenez-vous-en. Ne vous perdez pas. De l'étain, vous en trouverez certainement là-bas dans ces bouis-bouis... Putainville. Comment est-ce qu'on les appelait déjà ?
— Trous-à-putes, mon capitaine.
— Moi vous pouvez m'appeler sans ce « mon ». Je ne suis pas comme ça. Bêtise ! En tout cas vous avez une sacrée mémoire. Courez vite à ces Trous-à-putes, rendez visite à ces bons vieux coins, et peut-être qu'il y en aura une là-bas pour se souvenir de notre régiment, alors occupez-vous d'elle de votre mieux ! La tradition, vous comprenez !
— A vos ordres, mon capitaine !

Je suis allé aux Trous-à-putes, mais personne là-bas n'avait d'étain, et encore moins de pierre pour le moule. En revanche, aux portes des cafés, les mêmes qu'à l'époque, se tenaient des filles en tenue débraillée, au regard effronté. Elles voyaient que je n'étais pas Français. *Polonais, Polonais ?*[85] — croassa une nana noire, braillarde comme un corbeau, exactement. — Moi parler polonais ! *Viens, mon garçon ! J'en ai vu des copains comme toi. C'est pas cher, pour un allié. Je sais que vous n'êtes pas des milords.*

Et son cri me poursuivait, mon lieutenant, rauque et inquiétant, comme en Flandres ou en Pologne en septembre, vraiment comme le cri d'un corbeau qui subodore dans l'air de nouveaux cadavres et un nouveau champ de bataille. Et à nouveau, je ne sais pourquoi, je me suis trouvé triste et horrifié.

Les chars devant nous s'engageaient tout droit sur Bedford.
— Et maintenant moi je vais peut-être à nouveau me retrouver à

---

[85] Les passages en italique sont en français dans le texte.

Guer et à Coëtquidan — ainsi s'appelait ce camp, tandis que les nôtres en Italie approchent peut-être de Lamadria. Et plus d'un la verra certainement pour la deuxième fois, comme moi je verrai Coëtquidan pour la troisième. Mais il y a encore une chose que je suis curieux de savoir, mon lieutenant : qu'en est-il de ces Noirs ? A votre avis, mon lieutenant ? Est-ce qu'eux aussi...

Ses dernières paroles furent couvertes par le roulement des chenilles sur le pont.

Le peintre Mikuła en action

Illustration du Tygodnik Polski (« La Semaine Polonaise ») du 19 mars 1961

LA MADONE DE MIKUŁA[86]

A mes camarades de la onzième compagnie

Comme son nom déjà l'indique, la onzième compagnie ne fut pas des premières à voir le jour. En vérité, comme souvent à l'armée, le nom n'est pas assez explicite, car la première compagnie, la toute première, était la troisième. La troisième CKM[87]. Puisque notre histoire débute ainsi, tout le monde sait à quoi s'en tenir. Une narration se situe à la fois dans le temps et l'espace. Le temps c'est l'automne nuageux, avancé, de l'après-septembre 1939 ; l'espace, ce sont, s'élevant sous le plafond bas des nuages, les côteaux ondoyants, agités, de Bretagne. L'étroite ligne de la voie ferrée tranche les collines ; de la droite d'une petite gare, semblable aux nôtres dans la région de Poznań, s'échappe l'asphalte d'une route étroite qui grimpe sur un plateau où s'étalent en de longs alignements — des baraques. Ainsi que des pins sous les cieux, un hôpital de couleur blanche, et des bouis-bouis en bois le long de la route, ne figurant pas sur la carte d'état-major, mais connus dans l'argot militaire sous le nom de Putainville :

— Coëtquidan.

Lorsque nous faisions route depuis Modane, à la frontière italienne, pendant trois jours et deux nuits, avec la bagatelle de onze changements au total, il nous a fallu nous fourrer dans le crâne ce nouveau nom : il ne rentrait pas ! Il devait le faire plus tard pour de bon. Comment cela s'est-il passé ? Tous les matins, en provenance de

---

[86] 2ème récit du recueil « Treize récits » (*Trzynaście opowieści*) paru en 1946.
[87] Abréviation pour *Ciężki Karabin Maszynowy* : mitrailleuse lourde.

Rennes, arrivait un train vieillot bourré de monde. Tous les matins ce flot humain se traînait depuis la gare de Guer jusqu'aux portes du camp, se déversait dans les baraques, s'infiltrait dans les cahiers d'enregistrement et les magasins d'habillement. Pendant le mois d'octobre, on en extrayait les intellectuels pour les futures compagnies d'élèves-officiers ; on en acceptait encore en novembre. Mais au milieu de novembre on dit :

— Stop !

C'est que de Roumanie avait fini par affluer un puissant contingent d'officiers, toujours, toujours plus abondant. Le réservoir humain, qui entretemps s'était rempli en septembre, octobre et les premiers jours de novembre, d'effluents populaires venus des mines du nord de la France, de fermes du sud, parfois de quelque camp d'anciens combattants d'Espagne, et des sempiternels malheureux, miséreux, infortunés qui traînaient leur bosse depuis des années en France, ce réservoir à présent se remplissait d'une eau de tout autre nature. Dans la masse des vieux uniformes français, rappelant 1918, apparurent à Coëtquidan des tenues flambant neuves, impeccables, non abîmées, sinon par l'attente en Roumanie. Des uniformes polonais. Venus de Pologne. Fleurirent même pendant un moment (vite enlevées du reste) des chapskas. Leur temps n'était pas encore venu. Pour qu'il arrive (ou revienne), pour que derechef renaissent beaucoup, beaucoup de choses que septembre avait apparemment effacées, il aura fallu attendre la défaite française.

Avant que l'on n'estime, cependant, qu'il arriverait de Roumanie bien assez de chefs pour cette Pologne émigrée venue des fermes et des usines, et avant que l'on ne referme les portes si imprudemment ouvertes de la nouvelle Ecole d'Elèves-Officiers, on créa justement à partir de ces résidus la onzième compagnie. On trouva tout de suite un capitaine, un lieutenant, un sergent-chef. Le sergent-chef était un vieux de la vieille, familier des arcanes de l'administration. Il avait des gambettes étonnamment courtes, une silhouette pansue, de petits yeux plissés et un visage sans expression. Le sergent-chef est un vrai dieu dans une compagnie, c'est bien connu. Quand on s'adressait à lui pour

toutes les affaires qui, relevant de ses compétences, ne relevaient cependant pas de sa compréhension — et il y en avait beaucoup — il avait une seule réponse, qu'il assénait avec un extraordinaire aplomb :
— J'en ai rien à f...

Le capitaine était le type de chef formidable, chez qui on sentait pleinement l'influence d'une éducation wehrmachtienne. Il avait la corpulence de messire Zagłoba[88] ainsi que sa voix de stentor. Et également un œil extraordinaire. Une arme mal présentée tout au bout du deuxième rang, un brodequin au talon mal nettoyé, le plus léger hochement de tête au cours du troisième temps du « présentez, arme ! », tout cela était systématiquement détecté, réprimandé et commenté. Outre les exemples hors d'atteinte de l'armée prussienne, il avait aussi une profonde estime pour les valeurs positives véhiculées jadis en matière de formation militaire par l'armée russo-tsariste.

— Dans les yeeux, dans les yeeux, on regarde dans les yeeux — rugissait-il, se tenant menaçant face à la compagnie. — Dans les yeeux — répétait-il — bien que la compagnie écarquillât déjà les yeux avec une tension à briser toutes les forces d'Hitler. — En Russie on disait : « le soldat mange des yeeux » son supérieur.

Après quoi (pour satisfaire également aux traditions polonaises) il s'adressait au sergent-chef constamment ensommeillé :
— Chef, entraînez-les-moi, entraînez-les pour qu'ils aient le c... en ébullition !

Le lieutenant était d'un tout autre acabit. Jeune, svelte, grand, en général taciturne, toujours triste. Il avait un sens de l'humour très développé, un talent pédagogique exceptionnel, et une grande compétence en matière de conduite des hommes. Il avait indubitablement la fibre du parfait officier moderne, et l'école qu'il avait faite comme tant d'autres ne l'avait pas du tout abîmé. C'était même peut-être elle qui l'avait imprégné de cet amer et tranquille pessimisme. Il se tenait devant la baraque où justement un groupe de pékins, sous l'œil sévère

---

[88] Personnage de la *Trilogie* de Henryk Sienkiewicz, rappelant Falstaff.

du capitaine et le regard endormi du sergent-chef, percevait ses bandes molletières, uniformes, caleçons et calots. Le capitaine paraissait comme énervé.

— Alors, on va faire des militaires avec ça ? — s'adressa-t-il, dubitatif, au lieutenant.

Le groupe qualifié de ce terme de « ça » attendait la réponse dans une terreur muette ; peut-être qu'on leur commanderait, à ces incapables, de retourner à la gare, puis à Modane, et de refranchir les montagnes pour rentrer en Pologne. Nous ne savions pas encore, pauvres hères que nous étions, qu'on peut constituer une armée avec n'importe quoi.

Le lieutenant acquiesça tristement de la tête.

— Oui, on va le faire, mon capitaine.

A l'époque, il y en avait qui, moins compréhensifs, considéraient cette mise en doute de leurs aptitudes militaires comme une injustice et une offense, mais aujourd'hui, après avoir tâté de la guerre non seulement à travers Gąsiorowski[89] et le *Bouquet de chansons polonaises*, je comprends parfaitement le souci du capitaine. Si toute cette école d'élèves-officiers, dans son ensemble, n'était pas sans rappeler vivement par son homogénéité une arche de Noé, la onzième compagnie constituait, elle, une collection encore plus invraisemblable d'exemplaires de faune humaine. Les plus jeunes y avaient — affirmaient-ils de façon douteuse — dix-sept ans « accomplis ». Le plus vieux en avait plus de cinquante ; comme il s'occupait d'archéologie, on lui en attribuait de bon cœur au moins le double, le présentant ainsi à nos connaissances françaises :

— *Et celui-là... il a fait la guerre de Crimée !* ...[90]

Socialement parlant, il y avait là des gavroches du coin de Lwów

---

[89] Wacław Gąsiorowski (1869-1939) est un écrivain et patriote polonais, auteur de nombreux romans historiques relatifs à l'épopée napoléonienne et au soulèvement de 1830-1831. Il fonda en 1914 à Paris un Comité de volontaires polonais pour se battre aux côtés de la France.

[90] En français dans le texte.

et des aristocrates proches de la Cour italienne, des Juifs et des curés, des orthodoxes, un Ukrainien, des Silésiens germanisés et des Allemands polonisés, des adeptes de la réforme agraire et des sympathisants de l'ONR[91], des natifs de Poznań, de Charlottenburg, de Vladivostok, de Kaboul, de Małkinia[92], Rio de Janeiro, des peintres, des alpinistes, des caissiers, des hommes de lettres, des musicologues, des propriétaires terriens (avec ou sans terre), des universitaires, des espérantistes, des myopes, des hypermétropes, des gens ne parlant que le polonais ou plusieurs langues sauf le polonais. Les voyant, le capitaine a dû se rappeler d'autres recrues : des jeunes de dix-huit ou dix-neuf ans du côté de Brześć ou Sieradz[93], forts comme des chênes, solides, simples, tous pareils comme ces fusils, ces rations de pain noir ou ces gourdes. Pas étonnant qu'il soupirât !

A l'armée c'est bien connu que le dernier arrivé est le plus mal loti. Voilà pourquoi la onzième compagnie, tardivement créée, ou plutôt bricolée, n'a pas trouvé de place à Guer. Bivouaquer quelques jours dans une grange ne lui fut pas d'un grand secours. Le bourg était plein à ras-bords, jusqu'au dernier grenier et la dernière étable. Le département entier, même, était plein. Mais dans le département voisin, l'Ille-et-Vilaine, il y avait une petite, toute minuscule bourgade — ou plutôt village — un trou pour le dire simplement, à l'écart des axes « principaux ». Sur sa place triangulaire elle possédait trois cafés, comme on les appelait, qui s'arrachaient héroïquement ses cinq piliers de comptoir locaux, dont chacun, au grand dam de sa famille, y dilapidait mensuellement de 18 jusqu'à même 25 francs. Ayant entendu parler des montagnes d'or qui s'étaient déversées sur les cafetiers de Guer depuis que les militaires s'y étaient installés, leurs voisins se rendirent vite

---

[91] Initiales de l'*Obóz Narodowo-Radykalny* (« Camp national-radical »), mouvement d'extrême-droite polonais, fondé en 1934 et dissous en 1945.
[92] Petite localité de Mazovie.
[93] Brześć (aujourd'hui Brest-Litovsk) et Sieradz ont été le théâtre de premières batailles des troupes polonaises contre l'envahisseur allemand en septembre 1939.

fait chez leur maire.
— Il nous faut absolument des Polonais !
Le maire n'était pas n'importe qui. C'était le gros propriétaire terrien du coin, et son *château*[94] blanc, bien français, se dressait dans un bouquet d'arbres au bord de la route menant à Guer. Il complétait son titre de maire, issu de la démocratie élective, par celui, héréditaire, aristocratique — de marquis. Le maire-marquis avait une femme, trois filles (toujours célibataires), était un fervent catholique possédant des sympathies droitières, non moins ferventes. Il savait se montrer d'une efficacité sans pareille. Si bien que, bientôt, un certain matin de novembre, notre compagnie quitta un Guer surpeuplé et, serpentant au milieu des collines, par une route profondément encaissée poussa jusqu'à Comblessac.

Il se trouva que, en compagnie de deux camarades, nous la devançâmes d'un jour ; à Coëtquidan nous fûmes affectés à la onzième compagnie, déjà partie pour Comblessac, mais à Comblessac il s'avéra qu'elle était toujours à Guer. Nous apportâmes alors à la compagnie des nouvelles fraîches de son prochain stationnement. Certains, convaincus que tous les changements à l'armée allaient habituellement dans le mauvais sens, conçurent dès l'abord un préjugé négatif envers Comblessac.

— Là-bas on sera complètement isolés — disaient-ils. — Pas le moindre chien boiteux ne prendra soin de nous.

Mais d'autres, davantage aguerris, leur répondaient :

— Là-bas au moins personne ne nous gênera !

Tous ceux qui préféraient être les premiers à Trifouillis-les-Oies que les seconds à Rome se prononcèrent immédiatement en faveur de Comblessac. A Guer nous ployions toujours sous le nombre de plusieurs autres compagnies : la troisième CKM, la quatrième CKM, la septième, la huitième... A Comblessac nous étions seuls. Maîtres des lieux. Rien que nous. Nous avions notre église, nos cafés, notre

---

[94] En français dans le texte.

marquis, notre *château*⁹⁵, tout était à nous. C'est pourquoi nous tombâmes immédiatement amoureux de Comblessac. Il s'avéra non seulement que son maire était marquis, mais qu'ici justement était né Saint Convoyon⁹⁶. Saint Convoyon ! Avez-vous déjà entendu parler de lui ? Même nos trois prêtres n'avaient pas entendu parler de lui, mais lorsqu'on eut déniché qu'il avait vécu à peu près du temps de Mieszko⁹⁷, qu'il avait organisé la monarchie bretonne etc., il remonta dans notre estime. Aux médailles de la Sainte Vierge, si difficiles à enlever quand on se lavait, venaient maintenant s'ajouter parfois des médaillons bretons avec Saint Convoyon.

Nous n'étions pas encasernés, nous n'étions pas nivelés, nous étions chez nous. Les champs qui nous entouraient, que verdissait le blé d'hiver, étaient à nous ; aux abords de la petite chapelle sur la route conduisant à Maur nous disposâmes des sentinelles ; près de la colline de La Touche nous nous entraînions à la défense et à l'attaque. (Les vaches tachetées du vieux Roger faisaient avec bonheur office de chars). Un nouveau capitaine nous arriva, un gars bien, un discret Poznanien, mais la consigne de maintenir en ébullition une certaine partie du corps maintes fois évoquée chez les militaires, continuait à être scrupuleusement respectée. Tous les jours nous rentrions d'exercice couverts de boue, en sueur malgré l'hiver, exténués. Nos gourdes à la main, nous nous pressions dans les cafés. La solde était de cinquante centimes par jour, ce qui ne permettait pas de faire trop de folies, même à Comblessac, mais on revendait nos fringues civiles, roumaines ou hongroises, empruntait à des amis parisiens, les « Nouvelles polonaises » ou le « Słowo⁹⁸ » payaient pas trop mal les piges — des 200, 300 francs. *Un verre de fine*⁹⁹ coûtait 3 francs chez Maman

---

⁹⁵ En français dans le texte.
⁹⁶ Ou encore Saint Conwoïon.
⁹⁷ Mieszko 1ᵉʳ, prince polonais, né vers 935, premier souverain attesté du Royaume de Pologne.
⁹⁸ Littéralement « La parole », nom d'un journal ou d'une revue.
⁹⁹ En français dans le texte.

Roger, 2 francs 50 *chez Vester*[100]. On pouvait vivre.

Les rapports avec la population locale devinrent un modèle de rapports pacifiques entre armée et civils, entre hôtes et invités, entre un allié malheureux et un autre qui allait le devenir. Les futures idylles écossaises trouvaient leur inestimable prototype dans le Comblessac oublié. Et surtout, il y eut que le lendemain de notre arrivée était un dimanche. La compagnie comme un seul homme se présenta à la messe — chanta magnifiquement — certains communièrent. Le curé était tellement ému par ce phénomène extraordinaire qu'il eut du mal à achever sa messe. Depuis le temps de la Révolution française la moitié masculine des habitants de Comblessac avait coutume de passer le temps de la messe dans le giron de la nature, à Guer ou dans les cafés. En général, ils ne rendaient visite à l'église que juste après leur naissance ou juste avant leur enterrement ; dans les deux cas, pas par leurs propres moyens, s'entend. Et rien que la vue d'un militaire dans l'église était rareté. Depuis ce jour, nous eûmes à Comblessac un allié de poids : l'Eglise.

L'autorité civile ne fut pas oubliée. Ce dimanche-même, l'après-midi, le cercle des membres *french-speaking and count-looking*[101] de l'Ecole des élèves-officiers présenta ses respects à monsieur et ses hommages à madame le marquis. Le salon s'anima et à partir de ce moment s'animait chaque dimanche, et parfois même en semaine.

Et quelles formidables affaires les cafés faisaient ! Il suffira de dire qu'ils ne remarquèrent même pas l'arrivée d'un quatrième concurrent.

Et, pour finir, la fatigue générale après les exercices, l'âge peu avancé d'une partie de la compagnie, et trop avancé de l'autre, le maigre effectif féminin de Comblessac, l'humeur maussade de l'après-septembre, le bromure dans le sel, le pain et le café, tout cela faisait que la onzième compagnie se conduisait d'une manière qu'on

---

[100] Id.
[101] « francophones et de la haute » en anglais.

pourrait recommander aux Enfants de Marie. Le seul motif de menues frictions résidait dans l'arrachage de branchages de haies pour se chauffer, quelques meurtres discrètement commis sur d'innocents lapins et dans de légères dégradations de vélos empruntés pour visiter le pays. Tous ces dommages étaient compensés financièrement et ne dérangeaient que les jaloux qui n'en avaient pas subis.

Les sentiments les plus polonophiles se manifestèrent parmi la jeune génération mâle de la cité de saint Convoyon. Elle estimait la beauté et l'intelligence des occupations militaires peut-être autant que le capitaine en personne (celui qui avait fondé la compagnie). Le port de l'uniforme, le salut militaire, le nettoyage des armes, les courses à travers champs sac au dos, les appels et les rassemblements paraissaient à ces chérubins une occupation vraiment intéressante. Comme l'âge de certains membres de la compagnie ne différait guère du leur, et que celui d'autres éveillait chez ces derniers des nostalgies paternelles, cela facilitait d'autant la bonne entente. Et lorsqu'il s'avéra que les poches des militaires servaient très clairement à transporter des bonbons colorés venant de chez la grosse *Maman*[102] Roger, le prestige de l'armée polonaise s'éleva à des hauteurs véritablement stratosphériques. Au point qu'une fois, à l'école, alors que l'institutrice bassinait les enfants en leur demandant ce qu'ils voulaient devenir quand ils seraient grands, l'un d'eux répondit sans sourciller :

— *Moi, je serai Polonais...*[103]

Le petit garçon s'imaginait certainement qu'être Polonais signifiait justement se livrer en permanence à ces remarquables occupations qu'il admirait chez nous. (Qui sait, peut-être avait-il finalement raison ?) La compagnie, apprenant cela, ne conçut pas une opinion très flatteuse quant au bon sens de ce jeunot. Le sergent-chef en personne déclara qu'« il n'adviendrait rien de bon d'un tel petit sot ». Il n'en restait pas moins que ces sentiments polonophiles, exprimés de façon

---

[102] En français dans le texte.
[103] Id.

si touchante et spontanée, méritaient d'être entretenus.

Le bambin fut officiellement invité au logement de ma section, et cela pendant la rituelle séance de nettoyage des armes de l'après-midi. Je ne dirai pas qu'il entra dans la salle où nous étions couchés côte à côte avec l'âme mieux accrochée que sa tête sur ses épaules. Mais il surmonta avec bonheur cette espèce de trac initial. On le familiarisa avec tous les secrets d'une culasse de fusil, on lui montra avec quel éclat brillait l'intérieur d'un canon astiqué avec des chiffons, on lui permit de réduire une brique en poudre et lui offrit du café dans une gourde. Sa maman dut personnellement et non sans mal enlever le jeunot pour le souper et émit un grand cri d'horreur en voyant son petit tablier de sortie consciencieusement maculé d'huile. Le lendemain nous apprîmes qu'un excès de consommation de caramels avait occasionné chez notre invité de sérieux troubles gastriques. Mais quelques jours plus tard nous le revîmes. Il s'avéra que son séjour de quelques heures parmi les Polonais n'avait pas été sans laisser de traces. Le bambin, certainement pour nous faire plaisir, nous saluait à la polonaise et répétait tout à fait correctement quelques expressions polonaises, de celles qu'il entendait le plus souvent prononcées par les Polonais. Elles étaient, on s'en doute, des plus martiales et se rapportaient très expressément aux armes.

L'armée, c'est bien connu, a cela pour elle que, uniformisant au possible certaines choses, elle s'efforce d'en différencier au maximum certaines autres. Les soldats doivent se ressembler le plus possible, mais leur détachement, leur formation ou leur arme ont à cœur de se distinguer au maximum, même extérieurement, des autres détachements, formations et armes. D'où les fourragères colorées des régiments historiques anglais, d'où les fanions de nos uhlans en Pologne, la couronne princière des Poniatowski sur les épaulettes de l'un des régiments d'uhlans, la couronne et les initiales S. B. sur les épaulettes du régiment Batory[104]. L'hiver 1940 en France, l'ancien décorum

---

[104] Stefan Batory, d'origine hongroise, fut roi de Pologne de 1576 à 1586.

n'existait plus, et le nouveau n'était pas encore de mise. Les cordons norvégiens, les tartans écossais, les épaulettes noires, ne devaient apparaître qu'avec le printemps et l'histoire. Nous-mêmes étions de trop jeunes soldats. Mais nous avions déjà maîtrisé les bases de l'art militaire. Déjà notre pas de parade, notre façon de saluer, nos prises d'armes et toute une série d'autres choses relevant également de l'art de la guerre, avaient une certaine allure. Nous étions donc en état de comprendre cette autre vérité, qu'à l'armée se distinguer était mal vu individuellement, mais tout simplement indispensable collectivement.

Avec une promptitude propre aux militaires, la compagnie parvint vite à la conclusion qu'il convenait de se distinguer de toutes ses autres compagnies-sœurs. Une fois arrivée à cette sage conclusion, elle réfléchit longtemps à la façon de concrétiser cela. La première des unités d'élèves-officiers en terre étrangère s'était déjà acquis cette gloire que des célébrités de tout poil s'y exerçaient dans l'art de manier les armes. La troisième compagnie CKM était devenue le port d'attache des diplomates ; la quatrième, si je ne me trompe, celui des politiques et des hauts-fonctionnaires ; la septième se caractérisait par un genre de scoutisme idéaliste. Après brèves réflexions, la nôtre adopta le caractère d'« intellectuelle ». Elle possédait en effet quelques peintres improvisés, un musicologue, quelques chanteurs distingués, quelques littérateurs, quelques plumitifs, et encore davantage de buveurs et de gens à « tempérament ». Les autorités pour leur part reconnurent la pertinence de ce caractère « intellectuel », car elles entendaient par ce terme un élément on ne peut moins adapté à ce qui, dans l'esprit d'un officier normal d'active, s'appelle habituellement l'armée. Reconnaître ce caractère intellectuel à la compagnie c'était à leurs yeux l'absoudre d'un tas de péchés. Dans cette compagnie, par exemple, restaient complètement ignorés l'art de plier les uniformes au carré, le rituel d'enlèvement « des saletés » sur une couverture et quelques autres semblables institutions qui forment, on le sait, la quintessence de l'art militaire. Jamais. Pas une seule fois ! Les officiers reconnurent en leur for intérieur que cette pâte humaine dont le sort leur commandait de faire une compagnie d'infanterie se prêtait à ces

choses comme un poisson au cyclisme.
— Peine perdue, des intellectuels...
Ce terme était trop dur pour le chef de compagnie. Aussi l'unité qui se composait de telles créatures portait chez lui deux appellations, alternativement. Une fois il l'appelait « les bleus[105] », une autre « les rouges ». La justification de chacune de ces appellations relevait paraît-il du secret militaire car personne ne parvint jamais à l'élucider. Mais nous avions déjà appris cette autre vérité, qu'il ne faut pas chercher trop souvent à comprendre. Nous acceptions la vie en l'état.

L'isolement de Comblessac était un don du ciel. On ne nous traînait pas à Coëtquidan pour n'importe quelle exhibition, aucun général ne se manifestait chez nous. Seul le cuisinier, un émigré de France, était parfois inquiété par les plus malins :

— Caporal, demain la viande doit être extra !
— Pourquoi demain ?
— Comment ça, vous ne savez pas ? Sikorski[106] demain est en tournée d'inspection ! Quand il a inspecté la troisième, il est tout de suite allé voir ce qu'il y avait dans les marmites...

Le cuisinier, une grande gueule, sortait d'habitude quelques remarques bien senties traduisant son rapport à l'armée, à nous, à la cuisine, au Commandant en chef et au monde entier. Mais le lendemain la soupe était consistante, le goulasch contenait davantage de viande. Une fois, il y eut même de l'*épinard*[107]. Malheureusement on ne peut éternellement tromper son monde à l'armée, même en se référant au Commandant en chef, aussi notre cuistot, s'étant rendu compte que Comblessac se trouvait en dehors des limites des inspections suprêmes, se laissa complètement aller et il fallut le virer. Il devint alors cuisinier dans quelque compagnie « non officielle », au-delà même de Guer. Mais il se languissait de nous. Il passait maintenant sa colère sur

---

[105] Nous traduisons ainsi le terme *szlachecki* évoquant des origines nobles.
[106] Général exerçant les fonctions de Premier ministre du gouvernement polonais en exil de 1939 à 1943, date de sa mort dans un accident d'avion.
[107] En français dans le texte.

sa nouvelle compagnie, une compagnie de braves et honnêtes gars, comme lui émigrés de France. Leur servant, presque par charité, de la lavasse, il ronchonnait avec un air supérieur :

— Voilà où j'en suis. Cuisiner pour pareils petits merdeux. A Comblessac, quand j'y étais, c'étaient tous des *docteeurs*, des *ingégnieurs* — ah mais !

Tous les dimanches matin il demandait un laisser-passer et, entrant boire *un coup*[108] dans un bistro sur sa route, il annonçait :

— J'vais voir ma compagnie ! J'ai rien à faire avec vous ! Là-bas c'est des gens plus classe, y z'arrêtent pas de me demander. Viens nous voir, viens, qu'y disent. Faut bien leur faire plaisir…

Et il se mettait en route pour Comblessac. Mais n'y arrivait pas toujours.

Car sur sa route il y avait les cafés de Guer.

Mais tout a une fin sur cette terre, et tout ce qui est bon a son terme à l'armée, beaucoup plus tôt qu'ailleurs. Au printemps, à Coëtquidan, de cette masse informe qui en ce mémorable automne passé affluait en vagues quotidiennes, s'étaient déjà formées la première division, la seconde… On les vidait progressivement du camp, comme on sort des poussins de leur parc, finissant par les expédier quelque part dans les Vosges. Coëtquidan se dépeupla. On y transvasa alors le Guer, et quand cela ne suffit plus, on se rappela soudain qu'il y avait quelque part là-bas, au-delà des monts et des bois et du septième kilomètre au-dessus de Guer, une certaine onzième compagnie dans un certain Comblessac.

Rien à faire.

Il fallut rassembler ses cliques et ses claques, lever le camp, dire adieu aux cafés. C'était juste le moment où les champs, si familiers, verdissaient du nouveau blé en herbe, où les pommiers sauvages s'apprêtaient à fleurir, où les Bretons émergeant de leur hibernation

---

[108] En français dans le texte.

sortaient dans les champs avec leur charrue, ou y épandaient leur fumier fumant et bien à point... Il nous fallait nous séparer de tout cela et dans un coin de l'énorme camp nous enterrer dans quelque baraque H 27 ou E 49, à côté de latrines hautes comme des chaires, loin des cafés, derrière des barbelés et bien sûr juste à côté du commandement, du centre, de l'état-major. C'est-à-dire à côté de tout ce que cette futée de onzième compagnie avait appris à éviter soigneusement, tout en lui témoignant, c'est clair, le plus grand respect.

Mais en même temps il s'avéra que — hormis un souci pour nos chefs, une cause de dévoiement pour les bambins et un objet de contentement pour nous-mêmes — il y avait ici encore quelqu'un d'autre pour qui nous étions quelque chose. Nous étions quelque chose pour Comblessac. Nous-mêmes n'y croyions pas au début. Mais c'était bien le cas. Comblessac nous regrettait. Ce n'est pas que nous remplissions les dimanches l'église du curé et le salon du marquis, que nous apportions des bonbons aux enfants et du chiffre d'affaires aux cafés. Il y avait encore autre chose. Cette bourgade bretonne partageait le sort de tant de villages et petites villes d'une grande France qui se mourait. Ce n'est pas pour rien qu'elle était aussi ancienne que notre Gniezno[109]. Tout ce qu'il y avait ici de jeunes s'enfuyait dare-dare à Rennes, vers les usines, les cinémas, vers Paris et, pour tout dire, il ne restait que les vieux et les enfants. Nous apportions la vie ici. Sans nous, tout ce brave patelin était voué à retomber dans sa léthargie originaire. Oui, il faut connaître la France pour comprendre que la onzième compagnie était quelque chose pour Comblessac.

Une pensée se fit jour :

— Il nous faut leur laisser un souvenir.

— Très bien, mais lequel ?

Nous eûmes vite fait, cependant, de remarquer que les pauvres de Comblessac étaient des richards en comparaison de nous qui percevions 0,50 francs de solde journalière. Un vague projet d'« Album-

---

[109] Une des cités les plus anciennes de Pologne, berceau de l'Etat polonais.

LA MADONE DE MIKUŁA

souvenir » resta sans suite ; il était (surtout à l'époque) un peu trop dans le style des Livres de la Cavalerie[110] et des Almanachs des Héros. Bien entendu, comme toujours dans pareils cas, on se tourna vers nous. Les dénommés intellectuels.

— Faites donc marcher vos méninges... !

Avec la paresse intellectuelle qui les caractérise, ils auraient répondu par une série de propositions pas tout à fait intellectuelles s'il n'y avait eu Stanisław Mikuła.

Stanisław Mikuła[111] était incontestablement le personnage le plus populaire de toute la compagnie et, en son sein, le représentant le plus en vue de toute cette coterie intellectuelle. (A vrai dire, il y avait dans celle-ci des gens un peu jaloux qui parfois hasardaient quelque remarque caustique. Mais tout cela ne prenait pas). Mikuła était débrouillard, imaginatif, plein d'humour et toujours de bonne humeur ; et ce dernier trait n'a pas de prix, que ce soit en prison ou à l'armée.

Et Mikuła d'échafauder cette idée :

— Il y a une chose à faire. La Bretagne est un pays religieux, la Pologne aussi. Rappelez-vous l'effet produit par notre apparition à la messe. Il faut leur offrir pour leur église une icône de la Vierge de Częstochowa. Cela restera pour toujours en souvenir de nous.

L'idée plut. Dans la famille du marquis c'étaient tous des piliers d'église, le curé était un potentat local, la confrérie du Rosaire était l'organisation la plus importante de Comblessac. Non, il n'y avait pas de doute, Mikuła avait raison. Seuls les attardés émettaient des doutes :

— Mais où trouver ici en France une icône de la Vierge de Częstochowa ?

---

[110] Ouvrage édité en 1938, patronné par le maréchal Rydz-Śmigły, commandant en chef des Forces polonaises en septembre 1939, et magnifiant les héroïques faits d'armes de la Cavalerie polonaise depuis ses origines.
[111] Stanisław Mikuła (1907-1977) est un artiste-peintre polonais de Lwów (aujourd'hui Lviv, en Ukraine), qui se spécialisa dans la peinture religieuse. Il mourut dans l'émigration à Londres.

Mikuła les toisa du haut d'un immense mépris.
— Parce que vous, obscurs ignares, vous ne savez pas que Stanisław Mikuła peint des tableaux religieux ?
Les obscurs ignares avaient pu l'oublier, car les dessins par lesquels Stanisław Mikuła avait attesté dans la compagnie sa capacité de peintre auraient pu servir à illustrer le *Décaméron* plutôt qu'un Livre de Psaumes. Oui, effectivement, Stanisław Mikuła était peintre. Il était arrivé chez nous avec cette renommée venant de Lwów, mais à part boire et raconter des blagues il n'avait pas donné jusqu'à présent beaucoup de preuves de son talent pictural, et encore moins du caractère religieux de celui-ci. Si bien que les Thomas incrédules continuaient à douter, tandis que le capitaine, qui aimait le travail bien fait, se souciait de notre bon renom auprès d'étrangers et apparemment nourrissait quelque scepticisme à l'égard de Mikuła et des intellectuels, en vint à demander :
— D'accord, mais... Est-ce que, comme on dit, vous vous sentez de taille ? Vous y arriverez ? Car ça concerne l'église — c'est sérieux.
Mikuła tonna d'une sainte indignation :
— Moi ? Est-ce que j'y arriverai ? Vous n'avez sans doute pas vu, mon capitaine, l'église de Kopyczyńce ? Ni la polychromie de Tłuszcz ? Ni le maître-autel de Podkamień ? Ni Hoszcza ? Ni Kęty ? Ni...
Sur la tête du commandant de compagnie s'abattirent soudain, à l'instar d'un crépi qui tombait en morceaux, des dizaines d'églises, d'autels, de vitraux de Petite-Pologne[112]. Toutes les Vierges et tous les Saints du Seigneur qu'il était arrivé à Staszek[113] Mikuła de peindre un jour, tous ses anges, tous les *cherubim atque seraphim*[114] descendirent de concert pour témoigner de la vérité. L'intervention des cieux fut décisive. Le soir-même le sergent-chef rédigeait un laisser-passer pour Rennes à l'intention de Mikuła.

---

[112] Région de Cracovie.
[113] Diminutif de Stanisław.
[114] Chérubins et séraphins.

LA MADONE DE MIKUŁA

— Il me faut acheter des couleurs et tout — avait décidé Mikuła. Le sergent-chef rédigea le laisser-passer de mauvaise grâce, primo — parce que l'écriture constituait pour lui une activité plus pénible que l'art de commander, secundo — parce que tout ce projet de Vierge lui semblait une arnaque comme beaucoup d'autres.

Mais Mikuła se sentait soutenu par la récente intervention céleste. Une fois son laisser-passer en poche, il dit :

— Vous devriez également y aller un jour, sergent... Là-bas à Rennes il y a des nanas comme ça ! C'est juste un conseil. Le printemps arrive ! Sinon ça peut même monter au cerveau...

Et sur le point de sortir, il acheva :

— ...à condition d'en avoir un. Sinon, c'est autre chose.

Les jours qui suivirent immédiatement entamèrent derechef la confiance du capitaine, et renforcèrent la tenace méfiance du sergent-chef. Mikuła ne rentra ni le samedi, ni le dimanche, ni le lundi, mais seulement le mardi, et, comme on dit, sur les rotules. Un chat, qui aurait vaillamment caracolé en mars sur les toits, ne serait pas différent de notre peintre revenant de son expédition à la chasse aux couleurs. Un silence gêné régnait au sein de la compagnie. Les trois prêtres qui y avaient été affectés comme camarades pour leur formation d'aumôniers militaires[115] firent savoir qu'il n'était pas correct de faire un usage si peu édifiant d'un laisser-passer obtenu dans un but si pieux. Les zélotes, les obscurs ignares comme les appelait Mikuła, relevèrent la tête ; n'avaient-ils pas raison, eux qui avaient toujours dit que tout cet « intellectualisme » ce n'était qu'une seule et grande foutaise ? Nous non plus n'étions pas très fiers, car la gloire ou l'opprobre de notre camarade rejaillissaient sur nous tous. Un seul prenait tout cela avec indifférence — le coupable en personne. En effet, revenu dans la location qu'on lui avait réservée pour l'exercice de ses travaux de peintre, il se jeta dans les bras de Morphée, épuisé comme si à Rennes il avait peint une polychromie pour toutes les églises de Bretagne. Son

---

[115] L'un d'eux tomba plus tard à Arnhem (note de l'auteur).

sommeil était à ce point paisible qu'il pouvait témoigner, en la totale absence de preuves plus convaincantes, de l'innocence de notre peintre.

Ce n'est que le lendemain, à l'heure du repas, que nous nous rendîmes à trois dans la location de notre Belle au Bois dormant. Le peintureur en uniforme débraillé s'était déjà extirpé de son plumard. Sur un chevalet improvisé, une toile déjà recouverte d'une première couche était tendue sur son cadre, et sur ce fond s'esquissait déjà la Madone. Ceux qui avaient fait le déplacement s'y connaissaient un peu en la matière. Eux-mêmes avaient peint, avaient des amis peintres, des *kapistes*[116] de chez nous ou parisiens. Se rendant à l'atelier du maître, ils éprouvaient, je dirais, un certain doute. Une fois entrés, ils tombèrent en arrêt.

— Alors ? — interrogea Mikuła avec une joie pleine de satisfaction. — Qu'en dites-vous ?

Le jury de confrères couvait en silence ses premières impressions, mais n'était visiblement pas pressé de délivrer son verdict. A ce moment la porte s'ouvrit à nouveau. Le capitaine en personne entra. Nous nous mîmes au garde-à-vous, seul Mikuła restait dans sa position. En cet instant, il ne se sentait pas militaire. Du bout de son pinceau, d'un geste large, il montra le tableau au capitaine et demanda :

— Alors, mon capitaine ?

Et, comme nous précédemment, le capitaine se fit muet, mais — semblait-il — d'une façon quelque peu différente. Il se tenait immobile et regardait. Il ne prêta pas la moindre attention à nous, aussi maintenions-nous le garde-à-vous le plus impeccable qu'il nous était possible de tenir.

— Eh bien, qu'en pensez-vous, mon capitaine ? — s'enquit derechef Mikuła, et ce n'est qu'alors, et encore pas immédiatement, que le capitaine dit :

---

[116] Le *kapisme* est un mouvement postimpressionniste polonais créé en 1924 par des artistes regroupés au sein d'un « Comité parisien », d'où les initiales (K.P. en polonais) qui donnèrent son nom à ce mouvement.

LA MADONE DE MIKUŁA

— Ces perles... ah, ces perles... Vous les avez vraiment réussies, camarade !...
— Vraiment ? — exulta Mikuła. — Ne l'avais-je pas dit ? Mais ça, ce n'est rien encore ; vous allez voir la suite, mon capitaine !...
Et de l'extrémité du pinceau de Mikuła tomba soudain sur la couronne de la Madone une énorme, splendide perle, merveilleusement blanche sur le fond du tableau, avec une nuance de bleu-violet. L'effet était splendide. Juste après, le pinceau déposa sur la couronne, en une seule touche, un rubis couleur de sang, scintillant de toute la fraîcheur de la peinture à l'huile. Avant que le capitaine n'eût le temps d'apprécier, s'épanouit juste à côté une splendide émeraude rectangulaire, d'une grosseur et d'un éclat inconnus de tout trésor indien. Si nous pouvions douter du talent de Mikuła en tant que peintre d'œuvres religieuses, il n'était plus permis maintenant de douter de son talent de peintre de pierres précieuses. Le capitaine s'absorba dans la contemplation de la genèse du tableau. Il assistait certainement pour la première fois à ce processus au cours duquel des couleurs exprimées de petits tubes se muaient petit à petit en un tableau. Et ce processus pour lui était non moins grandiose et mystérieux que ne l'était pour nous tout ce qui se rapportait à la guerre.

Au point qu'en sortant il nous interpela :
« Eh bien ? N'est-ce pas qu'il a réussi notre camarade ? ». Qui, même désireux de le faire, eût trouvé à moufter face à cela ? Seul Mikuła, après la sortie du capitaine, renchérit promptement :
— Vous voyez, même s'il ne s'y connaît pas, il a su apprécier. Et dire qu'il y en avait ici qui ne comprenaient pas... Des ignares...

La pause de midi se terminait. Nous partîmes pour la séance d'exercices. Alors que nous rentrions, les cinq heures passées, le capitaine sortait à nouveau de la maison où se trouvait l'appartement maintenant transformé en atelier. Quelque chose l'attirait là-bas vers cette Madone, polonaise et rappelant la Pologne, qu'un de ses soldats appliquait en taches colorées sur une toile.

Nous allions maintenant nous rendre compte que les échecs de notre camarade n'étaient pas les seuls à rejaillir sur nous. Ses succès également avaient leur effet. La Madone de Częstochowa s'esquissait à peine sur la toile de lin breton que déjà des pèlerinages convergeaient vers elle. Deux sous-lieutenants, chefs d'autres unités, se présentèrent juste avant le souper — et l'impression qu'ils ressentirent n'était pas moindre que celle qui avait frappé le capitaine. La foule, curieuse à défaut d'être pieuse, se pressait vers la thébaïde, et le Maître — car à présent Mikuła voguait toutes voiles dehors — les mettait à la porte assez cavalièrement. Le sergent-chef lui-même regardait par la fenêtre. Il n'osait faire autrement. Le capitaine lui-même entrait sur la pointe des pieds. On eût cru que chaque détail des joyaux dont Mikuła, à l'aide de son pinceau magique, allait décorer la Madone polonaise pour « en mettre plein la vue à ces Français », était consciencieusement commenté.

Mikuła se montrait rarement, arborant un air solennel, et l'ombre de sa gloire descendait sur tout le reste de la bohême de la compagnie. Au point que nous nous sentions un peu mal à l'aise, en particulier ceux d'entre nous qui, d'une manière ou d'une autre, étions intéressés à la peinture. Dispenses pour les exercices, laisser-passer pour Rennes — on ne nous refusait rien. Les grâces nous tombaient dessus en un flot aussi abondant que ces joyaux tombaient du pinceau de Mikuła.

Il ne restait plus qu'un obstacle sur notre route. Que diront les Français ? Est-ce qu'à la vue de l'œuvre du Maître ils se tairaient comme nous trois, où à la façon de tous les autres après nous ? Les pessimistes marmonnaient dans leur barbe des choses au sujet du goût raffiné de la peinture française, de Poussin à Corot, et ce marmonnement était pénétré de doutes. A présent, le succès du tableau était devenu une affaire d'honneur pour toute la compagnie, sinon pour toute la République de Pologne. (Les Polonais sont, on le sait, un peuple aimant à l'excès l'honneur). Et nous souhaitions pour Mikuła le plus grand succès. Je n'ai pas assisté personnellement à la remise officielle du tableau, mais les témoins oculaires allaient se rendre compte que Mikuła était également un remarquable metteur en scène. Quand, achevée, la Madone fraîchement peinte brilla devant les yeux éblouis des paroissiens de Comblessac, l'émotion s'empara des participants. Le maire-marquis se transforma en madeleine, et ses filles en trois fontaines de larmes ; le vieux curé compara Mikuła à Saint Luc, le peintre de Madones. Les enfants regardaient les joyaux de Notre-Dame de Pologne avec les yeux de notre capitaine. Même le mécréant notoire du village, le mécano chez lequel nous empruntions nos vélos, sectateur du Front Populaire, était là. Le curé qui, tous les deux prêches, assurait ses paroissiens que cet athée n'échapperait pas à l'enfer, fut complètement abasourdi en le voyant.

— Ç'aura été le premier miracle accompli par votre Madone — déclara-t-il — et mes ouailles vous confirmeront combien il est grand !

Les ouailles le confirmèrent bien volontiers. Le mécano était à leurs yeux une incarnation de Voltaire, Lucifer et Lénine dans une seule personne. On porta l'icône en triomphe jusqu'à l'église. Nous connaissions bien celle-ci, elle aussi connaissait notre *Ô Dieu, toi qui pendant tant de siècles as entouré la Pologne...* et les paroles d'exilés *Ô Seigneur qui es aux cieux*. Mais ce fut seulement à ce moment-là que nous portâmes sur elle un regard différent de celui d'avant. Elle était grise, sombre, pas même ancienne. L'art français y était « représenté » par ses pires croûtes de la fin du 19ème siècle.

Insérée dans un tel environnement, notre Madone jurait par la fraîcheur de ses couleurs. Il faut reconnaître qu'elles s'étaient assombries dans ces murs et n'étaient plus aussi agressives au regard. La Dame majestueuse, hiératique, contemplait le peuple breton avec son visage régulier, sombre, marqué de deux balafres, tranquille et préoccupée. Si préoccupée qu'on eût dit qu'elle avait emporté en elle et introduit dans cette morne petite église bretonne tous les séculaires soucis de la nation polonaise. Les plus grands mécréants de la compagnie (nous en l'occurrence) partageaient alors l'émotion du capitaine, de la compagnie, et du peuple silencieux de Comblessac.

Le lendemain survint le repli sur Coëtquidan. Pour la dernière fois, les commandements polonais retentirent sur la place triangulaire de Comblessac. Le curé nous bénit, le marquis derechef se transforma en madeleine, la marquise nous offrit encore une fois des médaillons

ECRITS CHOISIS (1939-1946)

de Saint Convoyon, les enfants coururent derrière nous jusqu'aux abords de Guer, et le communiste-mécano invita encore une fois Mikuła à prendre une dernière *chopine*[117]. Personne ne reçut de Comblessac d'aussi beaux adieux que le héros de notre compagnie. La « Częstochowienne » resta après notre départ dans la petite église villageoise. Les Français prononçaient son nom avec difficulté. Nous, par un reste non éteint d'esprit mutin, nous l'appelions entre nous la Madone de Mikuła. Celui-ci, en effet, avait enrichi l'icône à son idée. Il est certain que la Vierge de Częstochowa, même avec ses couronnes et dans ses plus beaux atours, n'est pas parée d'autant d'or et de pierres précieuses que celle de l'icône de Staszek Mikuła.

Deux semaines plus tard, la onzième compagnie se dispersait dans le monde, rejoignant les première et deuxième divisions, la brigade du Podhale[118] et la brigade blindée, en Lorraine, dans les Vosges, en Norvège et à Montbard. Hitler attaqua en mai, et Paris tomba en juin. Ce jour-là justement, on débarquait à Brest la brigade du Podhale, ramenée de Norvège, et pendant les quelques jours qui suivirent on l'utilisa de façon telle qu'elle se retrouva loin des ports et sans munitions au moment où les incursions allemandes la prenaient en tenaille et que du ciel clair de juin tombait le coup de tonnerre de l'*armistice*[119]. A la suite de quoi... A la suite de quoi les uns montèrent dans des automobiles, d'autres se dispersèrent dans toute la France, et d'autres encore, les plus nombreux, refluèrent, comme après septembre, en direction du midi. Et c'est ainsi qu'avec plusieurs camarades nous parvînmes deux jours plus tard dans des parages connus. A Coëtquidan des tas de soldats livrés à leur propre sort et aux Allemands, erraient

---

[117] En français dans le texte.
[118] Brigade de chasseurs formée en France en janvier 1940, sous commandement français, et destinée initialement à combattre aux côtés de la Finlande ; elle fut envoyée en mai 1940 en Norvège, où elle prit part à la bataille de Narvik.
[119] En français dans le texte.

sans maître, Guer était terrorisé et désert, sur la route de Redon filaient déjà des motos allemandes. Et nous, pareils à ces chevaux qui connaissent leur chemin pour rentrer, nous tournâmes au bon endroit à gauche, empruntant la route étroite, inégale, qui telle un sillon s'encaisse profondément dans les champs et mène — où pouvait-elle donc mener ? — à Comblessac.

Ah, que le monde alors, en notre premier printemps de guerre, était beau et triste ! Il disparaissait, noyé dans la verdure, comme si la terre avait été explosée par cette verdure et en avait tout revêtu, comme de mousse, de glaçure. Ce paisible patelin, depuis des siècles soigneusement protégé de toutes les tempêtes de l'histoire, maintenant se retrouvait soudain ouvert à tous les vents, sans défense, attendant, médusé, son inévitable et immanquable viol. Dans les cafés, les gens étaient assis sans rien boire, sans rien dire, silencieux. Les femmes avaient les yeux rouges et gonflés. Les enfants épouvantés regardaient avec de grands yeux de derrière les haies. En ce jour ensoleillé et silencieux, seule une radio nasillant à une fenêtre émettait un appel qui résonnait comme des roulements de tambour solitaires et désespérés. De Londres parlait, stigmatisant la trahison, un général au nom hier encore inconnu, de Gaulle.

Il nous fallait continuer sur nos vélos. — Jusqu'où ? — demandaient les gens. — Jusqu'en Angleterre ! — Les gens hochaient la tête tristement, avec bienveillance et incrédulité.

— *Que votre Vierge vous protège*[120] — dit une bonne âme.

Je me remémorai alors cette *Notre Vierge*[121]. La Madone de Mikuła. Mes compagnons bricolaient quelque chose à leurs vélos. Il était déjà dix heures peut-être, et le soleil, insensible à tout cela comme l'était le nôtre en Septembre, déversait déjà ses flots dorés les plus ardents. La masse noire de l'église se trouvait à deux pas. J'entrai. Non, même pas pour faire une prière. Mais dans cette église il y avait

---

[120] En français dans le texte.
[121] Id.

l'ultime trace. La marque de quelque chose que nous avions vécu ici un jour, de quelque chose qui ne devait jamais revenir, jamais plus. Devant nous, devant notre nouvelle destination, se dressait déjà, hermétique barrière, le Rubicon de l'océan. Il fallait donc prendre congé et tirer sa révérence.

Par contraste avec ce jour plein de soleil, l'église paraissait d'autant plus sombre, comme il en va l'été. En entrant, on ne voyait rien. On n'entendait que des voix, ou plutôt des murmures, comme s'ils montaient du dallage, d'en bas. Ils étaient désespérément anémiés et ténus, pareils à des voix d'enfants tout petits ou de vieillards avancés. On ne distinguait personne, même lorsque le regard s'était accoutumé à l'obscurité ; il s'avéra que les voix provenaient d'une nef latérale. De celle justement où l'on avait placé notre icône, à côté de Sainte Thérèse.

J'entrai très, très silencieusement. En me faufilant. La nef était bondée comme aux jours des plus grandes célébrations. Tout ce monde était agenouillé à même le sol, comme on est agenouillé chez nous à l'église, des cierges jaunes brûlaient près de l'autel, tandis que des chapelets de Salue Marie s'égrenaient avec ferveur, comme lorsque le Malheur vous tombe dessus. Jusqu'au moment où les Salue Marie provisoirement se bloquèrent sur un grain de rosaire et qu'alors, à proximité immédiate de l'autel, à côté de ces cierges jaunes qui brûlaient, une voix en solo commença à invoquer *Notre Dame de Tsenstohova*[122]. La voix se brisait sur ce nom difficile, mais ne cessait de le répéter, obstinément, comme si elle était convaincue que pour être entendue là-haut dans le ciel, il lui fallait conjurer la Mère du Sauveur par ce nom polonais précisément, et que si elle le faisait, alors Elle abriterait de son bouclier protecteur la Pologne, la France, et ce petit coin du monde, Comblessac, à qui des soldats polonais, de passage au cours de leur pérégrination, avaient confié l'icône de leur Reine[123],

---

[122] En français dans le texte.
[123] La Vierge Marie est considérée comme Reine de Pologne et des Polonais depuis la Renaissance.

afin justement que cette icône les protège, les soutienne, veille sur eux.

LE VITRAIL DU PARACHUTISTE [124]

Janek[125] bénéficiait de conditions idéales pour devenir peintre. Son père coulait de vieux jours comme organiste émérite d'Ołyka[126], de la collégiale d'Ołyka, cette célèbre Ołyka radziwillienne. Vous n'êtes jamais allés à Ołyka ? Alors vous ignorez certainement que cette Ołyka de rêve est une minable et crasseuse bourgade juive en Volhynie, avec une gare située à six kilomètres, mais avec en revanche un château énorme, somptueux, plus grand même qu'à Nieśwież[127], ne le cédant en rien au palais royal à Varsovie. A côté du château se dresse, encore plus imposante, la collégiale baroque, avec ses anges grassouillets sur chaque corniche, ses évêques sous leurs pierres tombales et pas moins de deux chaires en son milieu. Le curé peut choisir à sa guise. Celle de droite ou celle de gauche. On choisissait d'ordinaire celle de gauche, car au-dessus de celle de droite le plafond fuyait.

La superbe collégiale ainsi que ses dépendances, le vicaire général, les chanoines, les organistes et le personnel subalterne relevaient depuis longtemps d'une double autorité, ecclésiastique et laïque. L'ecclésiastique était l'évêque de Łuck[128], la laïque était le prince. Le prince à Ołyka n'est autre que Radziwill, l'ordynat[129] d'Ołyka, le

---

[124] 5ème récit du recueil « Treize récits » (*Trzynaście opowieści*) paru en 1946.
[125] Jeannot.
[126] Localité de Volhynie, aujourd'hui en Ukraine, autrefois lieu de résidence des Radziwiłł, grande famille de magnats polonais.
[127] Autre résidence prestigieuse des Radziwiłł, aujourd'hui en Biélorussie.
[128] Aujourd'hui en Ukraine, préfecture du district de Volhynie.
[129] Propriétaire bénéficiaire de dispositions juridiques autorisant la transmission de biens inaliénables et indivisibles à un seul héritier, en général le fils aîné dans les grandes familles de la noblesse polonaise d'avant-guerre.

treizième du nom.

Et l'autorité ecclésiastique tout comme la laïque se sentaient dans l'obligation de continuer à soutenir les études de peintre de l'un des fils de l'organiste de la collégiale. L'évêque gratta le fond de sa caisse, le prince fit un chèque — et Janek partit aux Beaux-Arts. L'évêque et le prince — cela avait très belle allure, mais en zlotys cela représentait assez peu. En outre, on découvrit après son départ que Janek avait fait un marmot à la fille du commandant du poste de police d'Ołyka. A Ołyka les gens sont de la campagne, même au poste de police, aussi la fille promenait son ventre, on cancanait, et le commandant du poste faillit envoyer le vieil organiste à Bereza[130]. Informé de cet exploit de son protégé, l'évêque, qui de toute façon ne faisait guère de différence entre son départ pour Paris et une excursion à Sodome, interrompit ses subsides. Les appels à sa clémence, argumentant que les plus illustres peintres religieux italiens engrossaient des filles qu'ensuite ils peignaient en Madones, eurent peu d'effet. Janek à Paris sortit du patronage de l'Eglise.

Il faillit également sortir de celui du prince, car la guerre d'Espagne venait d'éclater et à la poste d'Ołyka ne tardèrent pas à arriver des lettres non plus affranchies de timbres de la vieille République française, mais de la jeune République espagnole. Cela fit beaucoup de foin. Chaque dimanche les sermons tournaient maintenant autour de toute cette affaire espagnole, et les prédicateurs ne manquaient pas de faire allusion à cette brebis galeuse d'Ołyka qui à présent s'était fourvoyée là-bas. Le commandant du poste de police tempêtait, et le père du fils prodigue finit par tomber malade.

Peut-être parce qu'il avait des rhumatismes et 78 ans, mais peut-être parce qu'il avait honte. Il est vrai que les Juifs d'Ołyka commencèrent soudain à manifester force sympathie à l'organiste, mais cela ne le consolait guère. Du reste les lettres de Janek arrivaient au

---

[130] Bereza Kartuska : situé aujourd'hui en Biélorussie, ce camp d'internement pour prisonniers politiques a fonctionné en Pologne de 1934 à 1939.

LE VITRAIL DU PARACHUTISTE

compte-goutte, puis finirent par ne plus arriver du tout. Cela provoqua une nouvelle vague de commentaires les plus divers.
— La punition divine l'a rattrapé ! — décrétèrent les curés.
— Le bolchevique paie pour le mal qu'il m'a fait ! — se réjouit le commandant.
— Un héros de la lutte contre le fascisme ! — soupiraient les adolescents juifs.

C'est Radziwill qui, du haut de son Ołyka, délivra l'avis le plus balancé :
— Ce petit sot va toujours faire les choses qu'il ne faut pas.

Le rapport du prince à la guerre civile d'Espagne était beaucoup moins émotionnel que celui du reste de l'opinion publique d'Ołyka. Aussi ne varia-t-il pas lorsque parvint la nouvelle de l'hospitalisation de Janek.
— Dommage ! — se désola méchamment le commandant.
— Peut-être que cela lui apprendra ! — supputaient les curés.
— *Интересно было бы узнать под Мадритом или Гуадаррамой ?*[131] — débattaient les supporters locaux de la cause républicaine.

Une nouvelle lettre leva ces doutes. Ce n'était ni à Madrid, ni à Guadarrama. Tout simplement, un véhicule conduisant Janek et une douzaine de ses camarades en avait percuté un autre sur la route de Valence. Il y eut des tués et des blessés.
— Ils étaient certainement ivres — spéculaient les curés.
— Voilà ce que c'est de ne pas respecter les règles du code de la route — fut la sentence du poste de police.
— Ce n'est pas du tout de l'héroïsme — se désolèrent les sympathisants de la Passionaria[132].

Et la collecte organisée dare-dare en faveur de la première victime d'Ołyka sur les barricades espagnoles se perdit quelque part dans la

---

[131] « Il serait intéressant de savoir (si c'est arrivé) à Madrid ou à Guadarrama ? » en russe.
[132] Alias Dolores Ibárruri (1895-1989), supportrice des troupes républicaines antifranquistes pendant la guerre d'Espagne.

grisaille des jours de mars. Avec le temps, Ołyka, la cléricale comme la révolutionnaire, se trouva d'autres sujets de discussion, plus passionnants. Seules deux personnes persévérèrent dans leur politique à l'égard de Janek. Le commandant du poste et le prince ordynat. Chacun la sienne d'ailleurs.

Le premier engagea des démarches auprès des organes compétents de la République polonaise en vue de priver de sa citoyenneté, conformément au décret publié à cet effet — etc. etc.

Le second, d'une manière assez naturelle, mais inattendue pour l'opinion publique d'Ołyka, envoya en un seul versement cent zlotys pour les frais du traitement, par ailleurs déjà terminé.

— A-t-il au moins eu le temps là-bas de visiter le Prado ? — s'est-il inquiété ce faisant.

C'est vrai ! Le plus prestigieux musée de peinture espagnole, plein de tableaux de Vélasquez, de Murillo, de Goya, se trouve justement à Madrid. Ce fait, quelque part passé inaperçu du reste des habitants d'Ołyka, sommeillait dans la mémoire baedekerienne[133] du prince ordynat. Oui, cela constituerait, d'une certaine manière, une justification, par la peinture, de cette expédition espagnole qui ne figurait nullement dans le programme d'études. Tout au moins dans le programme tel qu'il avait été soumis il y a un an de cela à l'approbation des deux autorités d'Ołyka : l'épiscopale et la princière.

C'est à peu près à cette époque que j'ai fait sa connaissance à Paris. Il se sentait déjà pratiquement remis de cet accident ; c'est son bras gauche qui avait été cassé. Il ne s'en ressentait que lorsqu'il montait dans l'autobus. Mais comme il ne prenait pas l'autobus... Il habitait loin des quartiers des peintres normaux, dans un « hôtel », sans ascenseur certes, mais doté en revanche de sept étages. Sur le chemin montant à ce paradis chaque étage embaumait d'effluves de cuisine toujours différents, et des filles toujours nouvelles et toujours plus débraillées lorgnaient à la porte des chambres. La police s'y manifestait

---

[133] Référence aux guides touristiques Baedeker.

souvent, et il faut dire qu'elle en repartait rarement les mains vides. L'évêque, s'il avait vu le repaire parisien de son ex-protégé, lui aurait certainement attribué sur le champ un subside, même s'il ne l'avait pas fait précédemment.

Le grenier de la maison était astucieusement aménagé pour servir indifféremment soit de séchoir de linge, soit d'atelier de peinture. Comme c'était l'été on s'y trouvait comme dans une serre. Les entrailles de ce grenier, en revanche, eussent rassuré même un évêque, car le volontaire des brigades internationales d'Espagne s'était entièrement voué à la peinture religieuse. Quelques nus vulgaires faisaient discrètement exception. Tout était du vitrail. Pas seulement des projets, ébauchés sur des cartons, non : d'authentiques vitraux. Dans un coin il y avait quantité de baguettes de plomb, aux formes docilement recourbées, dans lesquelles il insérait des verres colorés, semblables à ceux de tous les vitraux, à Chartres, Reims et ailleurs. Des filles et des vitraux. Effectivement. De mes différents passages à Paris, j'ai gardé le souvenir de ses « assistantes » — une noire, une maigre Annamite, une plantureuse Espagnole, une Polonaise de bonne famille et une Juive russe. A l'exception de l'Annamite c'étaient toutes des filles assez communes, de celles qu'on considère généralement comme franchement moches, mais qui peuvent cependant plaire à certains. Il leur tenait la bride assez courte, et dans leurs moments libres d'activités ménagères ou sexuelles elles lui servaient de bonnes à tout faire pour ses vitraux, sur lesquels il y avait plein de bons Dieux, d'anges, de saintes vierges et saints innocents.

Il était très difficile de comprendre pourquoi ce séducteur d'Ołyka, ce volontaire de Guadarrama et cet amateur de filles parisien s'était précisément amouraché de cet étroit créneau de l'art religieux. Car pour lui il n'y avait de vitrail que le vitrail religieux. On pourrait dire que pour lui, dans la vie il n'existait que de la daube, et dans l'art que des saints. Des bouts et fragments de vitraux, des esquisses et des cartons, émergeaient des visages torturés ou contemplatifs, ravis de leur vision ou contractés par la souffrance. Il avait même déjà suscité, semble-t-il, un certain intérêt auprès de cercles parisiens, certes peu

nombreux ; aussi nos peintres, qu'il pratiquait peu, se montraient-ils jaloux à son égard. Quelqu'un m'avait même dit à l'époque :
— C'est un peintre sans aucun doute talentueux, mais son talent a été faussé. Il paraît que son vieux était sacristain, ou quelque chose comme ça ? C'est pourquoi maintenant, dans la vie privée, ce n'est qu'un débauché, et dans la vie artistique, qu'un bigot. Un traumatisme.

Seul un psychanalyste pourrait nous dire combien il y avait de vérité dans cela : certainement beaucoup. Son rapport aux femmes avait indubitablement tout le caractère d'un défoulement, d'un exhibitionnisme et d'une dépravation, qui ressortaient après de longues années de formatage dans un sens carrément opposé. Le fait que, parallèlement, un certain type de peinture religieuse fût quasiment la seule forme d'expression de son art, donnait également à réfléchir. Le vitrail, l'ayant accaparé, l'avait plongé dans le moyen-âge. Les seuls livres qu'il lisait étaient soit de la littérature de gare, soit des traités sur l'art médiéval, celui qui précisément avait vu la plus grande floraison du vitrail. Il passa des semaines entières à Chartres. L'été 1938 il se rendit on ne sait comment en Angleterre et rallia York en autostop. Ces deux cathédrales possèdent, on le sait, les vitraux les plus somptueux du moyen-âge, et Jean, pendant des journées entières, mémorisait chacun de leurs détails avant de repartir.

Il disposa ensuite d'un atelier plus grand, aménagé dans une église abandonnée, et se mit alors à la chimie. Il était en effet arrivé à la conclusion qu'il lui fallait, à l'instar des peintres du moyen-âge, couler ses propres verres, les pigmenter comme il convenait, tirer parti des harmonies et des contrastes. La technique moderne, consistant pour le peintre à confier purement et simplement à des verriers toute la part technique du travail, le scandalisait ; les créateurs des grands vitraux du moyen-âge parfois coloraient eux-mêmes le moindre morceau de leurs somptueux *vitraux*[134]. Seul un retour à ces pratiques pouvait régénérer cet art. C'est pourquoi ce nouvel atelier rappelait aussi celui

---

[134] En français dans le texte.

d'un alchimiste. Des acides, des bocaux, des diluants, des sels caustiques, des patines, des creusets et fours aux formes bizarres occupaient de plus en plus d'espace. Les filles qui, allez savoir pourquoi, continuaient à se rendre, comme aimantées, à cet atelier, avaient à présent une occupation supplémentaire. Elles se plaignaient que cela tachait leurs vêtements et rongeait leurs bras. Mais s'exécutaient.

Il s'avéra cependant qu'aucune alchimie n'extrairait plus du verre ces couleurs qu'extrayaient les maîtres vitraillistes normands, morts et oubliés depuis longtemps. Comment cela ? Pourquoi ? Un autre se fût contenté de constater qu'il en était bien ainsi, et pas autrement. Un autre se fût consolé par l'explication selon laquelle beaucoup a été accompli par ce plus grand des alchimistes — le Temps, et que plusieurs siècles d'intempéries, de soleil, d'humidité, d'action de l'air, avaient donné aux vitraux qu'il admirait leur présente coloration. Mais Jean était sceptique. Il avait trop souvent entendu parler de secrets que les bâtisseurs de cathédrales gothiques et de voûtes romanes emportaient avec eux dans la tombe. L'historien de l'art tombe maintes fois sur d'abstrus secrets de préparation de teintes médiévales et d'autres secrets, non moins abstrus, de fusion de l'or à partir du plomb. Où s'étaient gardées les traces de ces secrets ? Où les rechercher ? Sans doute uniquement dans les légendes. Et c'est ainsi que, passé du vitrail à l'alchimie, de la chimie il passa à la légende. Peut-être y retrouverait-il les recettes médiévales perdues ? Et il se mit à fouiller l'histoire de chaque vitrail connu, célèbre. Mais à présent seul l'intéressait de savoir qui l'avait fait. Et plus particulièrement — comment ? Il circule toujours beaucoup de légendes à propos des bâtisseurs d'églises et de cathédrales : mais il s'avère qu'elles sont non moins nombreuses à propos des créateurs de vitraux. Il les connaissait sans doute toutes. Je me souviens, l'hiver 1939 quand, avec la neige, tombait sur Paris la nuit précoce et le premier *blackout* du temps de guerre, l'avoir entendu expliquer, fermant son atelier :

— Tu sais, par exemple, ce qu'il en est avec le sang ? Et le sang dans un vitrail — c'est le top. Je t'explique. En Espagne il y avait un vitrailliste, un Catalan, Ruiz de la Pennaroya (sic). Ses vitraux ne sont pas en eux-mêmes des meilleurs, mais ce qu'ils ont en eux de meilleur, c'est le sang. Il y a en effet une légende selon laquelle Ruiz de la Pennaroya peignait ses vitraux en laissant des emplacements tout blancs là où devait venir le sang. On lui demandait : Don Ruiz, pourquoi ne peins-tu pas le sang ici ? Don Ruiz répondait : J'ai peint le sang. Mais il n'apparaîtra que plus tard. Les religieux s'impatientaient et demandaient : Don Ruiz, une année s'est déjà écoulée et le vitrail est toujours blanc ! Mais Don Ruiz répondait : Pères, attendez. Et comme il y avait la guerre contre les Maures, Don Ruiz, après avoir peint ses vitraux, prit son manteau marqué d'une croix et son glaive, et s'en fut pour ne plus revenir. Et le jour même où Don Ruiz périt, sur les vitraux blancs apparut le sang rouge...

— Une belle légende — dis-je.

Mais Jan se fâcha :

— Ce n'est pas du tout une légende.

— Comment ça ?

— Moi je pense que ça a bien eu lieu.

— Comment ça : ça a eu lieu ?

— Oui, mais comment, ça je ne le sais pas. Mais ce que je sais, c'est que personne aujourd'hui ne connaît vraiment le secret des vitraux, bien que la chimie ait fait de remarquables progrès depuis un certain 13ème siècle. Et je sais qu'on ne connaît pas encore tout à propos des choses qui arrivent. Si à Naples peut se produire tous les ans le miracle du sang de Saint Janvier, qui se liquéfie dans l'ampoule où il s'est coagulé il y a mille ans, ... alors sur les vitraux de Ruiz aussi, il y a du sang on ne peut plus authentique.

— Mais en dehors de ça, as-tu encore entendu parler de quelque chose de semblable ?

Non, Jan n'en avait pas entendu parler. Et c'était justement la cause de son désespoir. Ni en Angleterre, ni en France, ni en Rhénanie, en Lombardie, en Provence, il n'y avait trace de pareille histoire. Jan avait cherché avec beaucoup de zèle, mais n'avait trouvé nulle part. Et présentement il voulait convaincre non seulement lui-même, mais aussi son interlocuteur :

LE VITRAIL DU PARACHUTISTE

— Non, peut-être que ça n'a pas eu lieu. Mais si ça n'a pas eu lieu, cela aurait pu avoir lieu...
Nous fermions justement à double tour le dernier atelier[135] de Jan. Il avait déjà, comme nous tous, revêtu l'uniforme.

Après la Campagne de France, il s'extirpa des Vosges très tardivement, errant à travers des forêts à n'en plus finir, abordant des villages où à part du champagne il n'y avait pratiquement rien, mais où en revanche les Allemands faisaient des apparitions de plus en plus fréquentes. Ensuite il resta longtemps à Toulouse et encore plus longtemps à Carpiagne[136], puis faillit prendre racine à Miranda[137], demeura un temps à Huesca, et atterrit tardivement en Ecosse. Ensuite moi je partis pour la Russie et nous nous perdîmes de vue. Lorsque je rentrai, il n'était plus là. Je savais ce qu'il en était. Toute cette émigration ressemblait de plus à plus à un navire voguant par les mers en plein *blackout*, sans aucune visibilité et sans pilotage, ne faisant que rouler d'un bord à l'autre. Un navire que des gens de tout bord quittaient, par des moyens toujours plus variés, pour plonger dans les ténèbres. Il y en avait qui partaient en Amérique et on entendait de moins en moins parler d'eux, il y en avait qui trouvaient du travail chez les Anglais, d'autres encore se mariaient, avaient des enfants, et s'en allaient également. Et certains qui mettaient de l'argent de côté pour la suite. Et enfin il y en eut qui trouvèrent encore une autre voie, celle du retour au pays. La « plus courte ». Lui fit partie d'une telle équipe de six, ou huit, ou quatre. Un beau jour il quitta son unité pour suivre une formation. Il en revint avec un petit insigne qu'il portait à gauche sur la poitrine. Celui des parachutistes. Ensuite il ne porta plus l'uniforme. Et ensuite il disparut.

---

[135] En français dans le texte.
[136] Camp militaire à proximité de Marseille, occupé par les Allemands à partir de novembre 1942, et jusqu'en août 1944.
[137] A Miranda de Ebro, dans la province de Burgos, furent internés des soldats évadés de la France occupée et ayant franchi les Pyrénées.

Ce n'est que maintenant, lors de mon séjour en Ecosse, que j'ai rencontré des gens qui le connaissaient. C'était un vieux couple d'Ecossais, sans aucun enfant, catholique. D'où leur sympathie pour nous. Leur maison est à la campagne, à proximité d'une certaine ville écossaise que nous tous connaissons très bien du temps de ces premières années, meilleures que les présentes. C'est une grande maison, pleine de cheminées, de livres et de pièces vides. Jan y avait passé des semaines entières à la suite de quelque maladie, et ensuite pour préparer certains travaux. Quelque chose avait visiblement changé en lui, car il ne courait plus les filles. En revanche il continuait à peindre des vitraux. Dans leur maison il y a une chapelle et dans cette chapelle, froide et grise, il y a justement un vitrail de Jan. Un très beau vitrail.

— Personne ne dirait qu'il n'a qu'à peine deux ans — soulignait le maître des lieux. — Ce garçon possédait vraiment un certain talent pour s'immerger *in the old past*[138]. N'est-ce pas qu'il est véritablement du moyen-âge ?

Le vitrail était en effet magnifique, mais en même temps effrayant. La chapelle étant petite, trop petite pour un tel vitrail, il se trouvait trop près de nous, nous agressait de toute sa dimension, nous écrasait carrément. Ce n'était pas une chose positionnée à distance et en hauteur. Mais... Mais il y avait encore autre chose. Sur le vitrail, se tordant d'une souffrance réaliste, espagnole, Andrzej Bobola[139] se tenait figé dans son habit de jésuite, une mince auréole au-dessus de la tête, les bras dégoulinant d'un sang vif et vermeil.

Quelque chose alors me revint en mémoire.

— *This blood, look, this blood... How has he done it ?*

— *Very realistic, indeed*[140] — acquiesça avec satisfaction le maître

---

[138] « le passé reculé » en anglais.
[139] Andrzej Bobola (1591-1657) est un prêtre jésuite polonais, mort atrocement massacré lors du soulèvement des Cosaques ukrainiens emmenés par Bogdan Chmielnicki. Le religieux fut canonisé par le pape Pie XI en 1938.
[140] « — Ce sang, regardez, ce sang... Comment l'a-t-il fait ?
— Très réaliste, en effet » en anglais.

de céans. — N'est-ce pas ? Et vous savez, on a eu des soucis avec ça. C'est lui-même qui colorait ces verres en les pigmentant, et seuls ceux où il y a ce sang étaient restés complètement transparents. Blancs. Cela avait frappé tout le monde. Le général le réprimandait, nos connaissances posaient des questions. On disait qu'il était pourtant très facile de les envoyer à Glasgow. Lui s'entêtait et disait que le sang viendrait. Vous savez à quel point il était têtu. Restant sur sa position, il répétait toujours sa chanson et souriait d'un drôle de sourire... Et parfois il se mettait dans une telle colère que nous craignions de le voir réduire le vitrail en morceaux.

— Et... que disait-il ?

— Ce qu'il disait ? *Kathleen, what did he say ?*[141]. Ah oui, que lui ne le verrait pas, car il ne serait plus là ? C'est ça. C'était il y a très longtemps : un an de cela peut-être. Presque. Il nous a encore rendu visite, tenez, un après-midi comme vous, en venant aussi en autobus, sans rien dire, mais faisant ses adieux. Il est venu ici dans la chapelle et a prié devant son vitrail, et nous avons alors compris que le moment était certainement venu. Et il était très tranquille. Et il a encore dit — n'est-ce pas Kathleen, juste avant de partir — de ne pas nous inquiéter de ces endroits vides sur le vitrail. Qu'ils allaient se colorer. A coup sûr. Et vous voyez ? Mais ils sont restés longtemps sans aucune couleur. Jusqu'à un certain après-midi, en mars peut-être, quand ça dégelait et qu'il faisait bon. Nous étions sortis nous promener avec Kathleen jusqu'au pont, elle a cueilli plein de crocus qui venaient de sortir de sous la neige. Il y en avait tellement qu'après avoir fait des bouquets pour la salle à manger et le *sitting-room*, nous en avons porté également à la chapelle. Et c'est quand nous les disposions dans des vases sur l'autel, que ma femme m'a dit soudain :

— Regarde : le vitrail !

J'ai regardé. Le saint polonais était à présent tout en sang. Comment cela est-il arrivé ? Peut-être fallait-il attendre le printemps, les

---

[141] « Kathleen, que disait-il ? » en anglais.

premières chaleurs et l'humidité pour que les pigments sur le verre réagissent ? Il y a sûrement quelque secret chimique là-dedans. Je ne sais pas. Je ne m'y connais pas, ni en chimie, ni en vitraux. Mais lui s'y connaissait pour parler ainsi, pour être si sûr de soi.

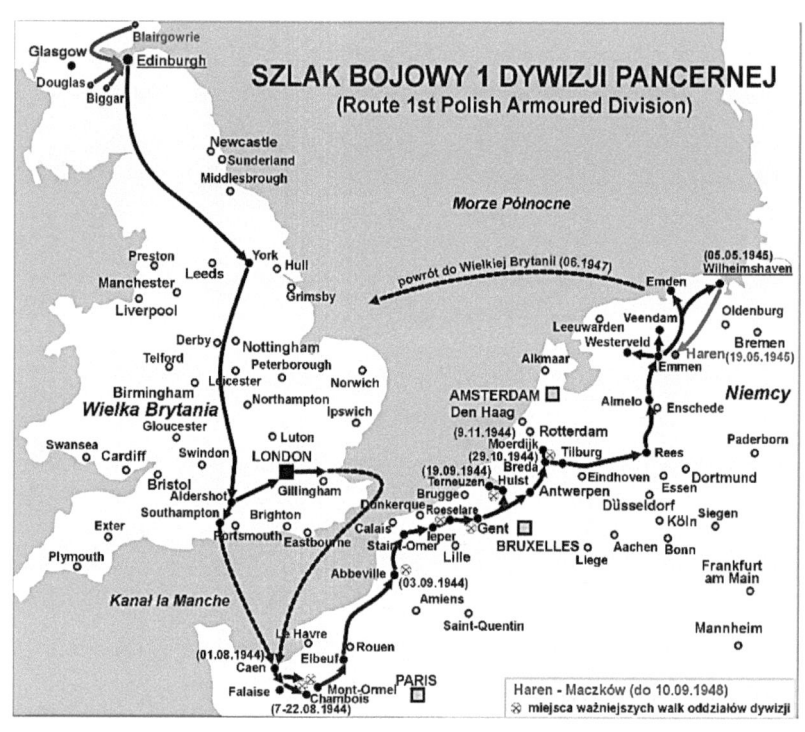

Itinéraire du 10ème régiment de chasseurs à cheval

(Lonio17, CC BY-SA 4.0 <https://creativecommons.org/licenses/by-sa/4.0>, via Wikimedia Commons)

LE LIVRE-CADEAU [142]

Mais Vous, ils viennent à Votre rencontre et Vous accueillent, et Vous chantez Vos chants, car ils sentent que c'est Vous qui combattez pour la liberté du monde.

Passée la Seine, l'équipe du char « Nelly » adopta, comme on disait dans le peloton, des méthodes de combat allemandes. Ces méthodes de combat « allemandes » ne faisaient pas allusion à des termes figurant dans les ordres du commandant de la division ; ce n'était que le souvenir de la dépravation provoquée en son temps au sein de l'équipe du char « Nelly » — alors que nous étions encore dans les environs de Jort[143] et traversions cette rivière de rêve qu'est la Dives — par les entrailles d'un tigre[144] allemand. Cette bête était l'un des trois tigres qui étaient montés sur Jort et avaient dézingué deux cromwell[145] du deuxième escadron, de chez le capitaine Gutowski. Ce tigre avait balancé dans l'un des cromwell, avec un acharnement particulièrement sauvage, jusqu'à quatre obus d'un canon de 88, les uns après les autres. Comme s'il y avait eu quelqu'un d'important dans ce cromwell ! Mais l'acharnement ne paie jamais, dans les chars encore moins qu'ailleurs, et l'Allemand, achevant le cadavre, ne s'aperçut pas qu'entretemps « Nelly » arrivait par le côté. Et lorsqu'il s'en aperçut il était trop tard. Le premier coup de « Nelly » partit un peu de travers ; il percuta le sommet de la tourelle, avec pour résultat cependant d'en bloquer la rotation. Le long canon du tigre ne put se tourner vers « Nelly », et le

---

[142] 9ème récit du recueil « Treize récits » (*Trzynaście opowieści*) paru en 1946.
[143] Commune du Calvados située sur la Dives.
[144] Cf. la note 45 supra.
[145] Cf. la note 52 supra.

temps que le char tout entier se déplace, « Nelly » corrigea, et bien cette fois, son premier tir. Trois Allemands furent proprement aplatis, par morceaux évidemment, aux parois métalliques du char. Le reste déguerpit. En rade, le tigre resta tel quel dans les champs, et le lendemain l'équipe du « Nelly », ainsi que plusieurs autres équipes, vinrent faire les badauds. Il y avait de quoi. « Nelly » aux côtés de sa Majesté Germanique le tigre avait l'air d'un chiot à côté d'un Saint-Bernard. Sa tourelle n'arrivait pas au niveau du fut du canon. Au sein du dixième régiment de chasseurs à cheval, on avait du respect, comme il se doit, pour les panthères[146] et les tigres. Mais à présent ce respect s'était encore accru.

— Un molosse, comme l'immeuble de la rue Mostowa à Wilno — gémit le conducteur Ambroży[147], pour lequel Wilno était restée la mesure de toute chose.

En revanche son compagnon le plus proche, car tireur de devant, Józek[148], plus particulièrement préoccupé du contenu du tigre, pénétra à l'intérieur du char par la même voie qu'avait empruntée les Allemands pour s'en échapper. On ne trouva pas cela très malin ; il pouvait y avoir quelque ruse allemande. L'équipe du « Nelly » se retira un peu sur le côté. Et effectivement, quelque chose s'éjecta soudain de la trappe. Un sac à main de femme vola sur les chaumes écrasés et labourés. Jaune, venant de Paris, en véritable pécari. (A présent il est la propriété d'une amie de Józek à Dundee et toute la ville admire ce témoignage du courage polonais). A sa suite, s'échappèrent du char un rouleau de tissu de soie, tout rose, de la meilleure qualité lyonnaise, puis un autre avec du tissu à motifs, puis des combinaisons de femme, puis des escarpins de femme, absolument neufs, encore dans leurs boîtes en carton. Il y avait même le nom de la maison : « Honoré Galorean et Fils, Brest ». Et à la fin émergea Józek en personne. Il agitait triomphalement une bouteille à tête dorée de Veuve Clicquot. Le soir,

---

[146] Cf. la note 47 supra.
[147] *Ambroise.*
[148] Diminutif de *Joseph.*

LE LIVRE-CADEAU

ça embaumait le champagne et les parfums Guerlain dans l'équipe du « Nelly », et pas seulement.

La découverte effectuée par Józek, et enregistrée sur le compte déjà bien garni des exploits du 10ème régiment, eut des retentissements.

— Là, ce ne sont plus des soldats — avait dit le Baca[149].

Et ce que disait le Baca était parole d'évangile au sein du régiment. Oui, des rapineurs peut-être, des Raubritter[150], mais pas des soldats, se disait-on. Ils se taillaient chez eux avec leur butin, mais n'ont pas eu le temps.

Mais tous ne voyaient pas les choses d'une façon aussi chevaleresque, et à partir de ce moment, si les chars allemands vivants éveillaient encore de la crainte, ceux qui avaient été abattus suscitaient un énorme intérêt. Il s'avéra que les entrailles des panthères étaient véritablement abyssales et avaient un contenu extraordinairement hétéroclite. Les caisses de munitions devaient céder la place à des contenants plus pacifiques — soieries, souliers, articles de « galanteria »[151], comme on disait en Pologne. Le compartiment des vins et la branche parfumerie étaient particulièrement bien représentés. Le lieutenant-comte L. se tordait les mains.

— Des vins pareils pour ces petits goujats d'Allemands ! Et ces parfums ! Des « Sous le vent » ? Et des « Cuir de Russie et des « Dans la nuit ». Mon Dieu ! Qu'ont-ils fait de cette pauvre France, ces scélérats ! Allez, donnez-moi donc cette bouteille et ces trois autres aussi. Il faut bien sauver quelque chose de cette déconfiture.

Cependant, à la différence d'autres équipes, notamment des dragons et encore davantage de l'infanterie, l'équipe du « Nelly » voyait cela avec un sentiment de supériorité. « Nous, nous ne serons jamais comme ça » — affirma l'aspirant. C'est vrai que Józek, le tireur de devant, voulut dire quelque chose, mais Ambroży, le conducteur, le

---

[149] Cf. la note 46 supra.
[150] « Bandits de grand chemin » en allemand.
[151] *Galanteria* : « articles de maroquinerie, prêt-à-porter, parfumerie, bijoux, lingerie et autres produits de luxe » en polonais.

fusilla du regard. Ce fut suffisant. Non et non. Il était clair, il paraissait clair que « Nelly » continuerait à éventrer les chars allemands, comme devant Jort, mais ne s'occuperait pas plus que ça de leur contenu, ni ne s'abaisserait au point d'embarquer du champagne, des Guerlain ou des soieries pour dames.

Mais le sort se venge toujours sur nous et la sévérité spartiate du 10ème régiment fut bientôt mise à rude épreuve. Passée la Seine, le régiment reprit la tête de la division, du corps, de l'armée — et, bille en tête, abattit pendant la journée entière presque cent kilomètres pour parvenir aux abords d'Abbeville, qui fumait dans le bas. Quel rallye ce fut ! Sur les routes la population accourait à notre rencontre, et l'on savait alors qu'il n'y avait pas d'Allemands ; ou bien elle n'accourait pas et dans ce cas l'équipe du cromwell s'accrochait à ses résolutions. Mais là où la population les accueillait, des femmes accouraient, amenant des pommes, des fleurs, des bouteilles de vin — et l'on déposait au fur et à mesure tous ces dons, à l'exception des fleurs, au fond du char. Le soir Ambroży constata qu'on l'avait tellement cerné de bouteilles qu'il ne pouvait pratiquement plus conduire le char ; ensuite, avec le radiotélégraphiste et le tireur principal, le caporal qui était au petit canon, ils procédèrent à l'inventaire. Il y avait là des calvados et des armagnacs, des cognacs, des bourgognes, des sauternes, des beaujolais, les fameux champagnes à têtes dorées, exactement des mêmes marques et aussi des mêmes cuvées que ceux précédemment trouvés dans le char démoli. Le lieutenant-comte, qui se trouvait toujours là où explosaient les batteries de bouteilles, était extraordinairement ragaillardi par ce spectacle.

— Finalement même les Allemands ne seront pas venus à bout de ma France — déclara-t-il.

Et seul Józek fit remarquer avec scepticisme à l'aspirant :

— J'ai comme l'impression, mon lieutenant, que si ça continue comme ça nous allons un peu ressembler à ce tigre à qui on a réglé son compte là-bas près de ce patelin de *Żor*[152]...

Il fallut alors bien lui mettre en évidence cette différence fondamentale entre ce qui résulte d'un pillage et ce qui témoigne de la gratitude de nos alliés. Mais Józek n'en démordait guère :

— Pillage ou pas pillage, gratitude ou pas gratitude, là-bas y avait plein de bouteilles, et ici y a plein de bouteilles. Mais c'est vrai qu'y ne nous balancent pas encore de « galanteria », ni de soutien-gorge, ni de soieries. C'est la différence.

Août avec son soleil brûlant aux flamboiements incendiaires s'éteignait sur la France, août avec ses pommes, ses moissons, ses libérations et ses guerres, et le dixième régiment de chasseurs à cheval du nom de Jan Maciejowski[153] fonçait sur Saint-Omer. Chaque soir parvenaient de l'état-major de division de nouvelles cartes, chaque jour apportait de nouveaux cryptonymes sur le réseau radio, et avant qu'on ne se soit habitué, le lendemain en apportait déjà d'autres. Chaque escadron passait à tour de rôle en tête du régiment — et savait alors qu'il était le premier, le premier de toute la division, du corps, de l'armée, qu'il fonçait à travers la France à la toute première place de toute la glorieuse B.L.A., comme on l'écrivait sur les enveloppes, à savoir la « British Liberation Army » — l'Armée Britannique de Libération. Le petit fanion rectangulaire noir du commandant de régiment, portant le numéro 45, claquant au vent bien haut au-dessus du char, fut le premier étendard allié à se montrer sur ces routes depuis cette année d'horreur, de honte et de chagrin de 1940. Le régiment avançait, emplissant l'air de France du grondement de ses chenilles sur ses routes asphaltées, assaillant les Allemands qui fuyaient sur des voitures à un cheval, les chassant des cafés, les jetant, par sa seule apparition, à bas de vélos de femme volés, car c'est sous cette forme guère triomphale

---

[152] Translittération de Jort en polonais.
[153] Jan Maciejowski (1904-1944), commandant honoraire du 10ème régiment de chasseurs à cheval, avait été tué juste avant, lors des combats de la poche de Falaise.

que s'opérait le *Heimkehr*[154] précipité des Nibelungen modernes. Là où de la résistance se manifestait, elle était brisée. Les puissants canons des cromwell réglaient rapidement leur compte aux aboyeurs acharnés qu'étaient en leur temps les dangereux mortiers. Ces canons étaient même capables de sortir les défunts de leurs tombes ! Cela se produisit une fois, quand le peloton du lieutenant Rożek, parvenu au sommet d'une hauteur, se trouva pris entre deux feux de mortiers. Les trois futs des longs canons de ses cromwell se tournèrent instantanément à gauche — et à l'emplacement du verger d'où les mortiers avaient aboyé s'élevèrent alors de noirs geysers de terre, pas du tout comme si des obus y étaient tombés d'on ne sait où, mais comme si dans ce verger avait jailli de trois volcans la terre révoltée de France. Et avant que cette poussière noire ne fût retombée, dans le verger — ou ce qui avait été un verger — s'agitèrent humblement des dizaines de mains blanches levées. On leur indiqua simplement de la main la direction à suivre — vers l'ouest ! — et les canons du peloton se tournaient déjà de l'autre côté de la route. Le lieutenant Rożek eut un moment d'hésitation ; les viseurs pointaient sur un cimetière. Ça faisait de la peine de troubler le repos d'alliés décédés, mais le feu des mortiers venant de ce côté s'était rapproché dangereusement, si bien que les trois canons envoyèrent leur terrible salve droit sur le cimetière. A présent dans les épiscopes des chars, au milieu d'une poussière roussâtre, volaient non seulement des arbres brisés, mais des croix de pierre, des angelots en plâtre, des barreaux, et — pire — des cercueils entiers, brusquement arrachés aux entrailles de la terre et projetés à une douzaine de mètres de hauteur. Le cimetière se trouvait juste à côté de la route et son contenu se déversa partiellement sur celle-ci, si bien qu'en contrebas gisaient, regardant de leurs orbites creuses, mêlés les uns aux autres, les vieux cadavres français et les nouveaux, allemands. Les trois chars de Rożek étaient déjà loin. « Nelly » également. C'est alors que la prophétie de Józek se réalisa et ils passèrent à ce

---

[154] « retour au pays » en allemand.

qu'il appelait « les méthodes allemandes de combat ». Il y avait de plus en plus de localités où avaient refleuri, soulevés automatiquement dès l'apparition des chars polonais, les drapeaux *tricolores* français ; dans des bourgades et villages de plus en plus nombreux la population ne se cachait plus, accourant sur la route, ivre de liberté. Elle en était vraiment ivre, de cette liberté ; c'était de la joie et du délire, de l'émotion à en pleurer, et aussi de la colère, implacable, une colère farouche, et il arrivait que sur de petites places de marché, sous quelque monument aux morts de l'autre guerre, on entendît avec la *Marseillaise* le grincement d'une guillotine et vît dans les yeux des gens du *maquis* une animosité jacobine. Les cromwell alors roulaient lentement, prudemment, au pas, et les gens couraient après, tendaient la main aux membres des équipes, avaient les yeux rougis par les larmes et brillants de bonheur ; les gens priaient les chars du régiment de s'arrêter un instant, leur disaient : *nos libérateurs*. Mais les chars avaient hâte d'avancer et laissaient à d'autres les cafés, la parade et les bavardages. Alors les Français commencèrent à amener ce qu'ils pouvaient : des pommes, du vin, des fleurs, des fleurs, des pommes, du vin, un boucher en sueur coltina un jambon, un vieillard couvert de médailles de l'autre guerre — un chapelet de saucisses, et lorsque le soir, en nage, hâlés par le soleil, couverts de poussière grise, immensément fatigués par la journée mais immensément heureux du bonheur des autres, ils s'adossèrent à une nouvelle rivière et mirent leur campement en position défensive — ils n'eurent pas besoin d'ouvrir la moindre boîte de conserve.

    Ambroży, le prévoyant natif de Wilno, faisait le compte des réserves du garde-manger.

    — Manque plus que de l'oie fumée de Wilno ou des saucisses avec un p'tit bout d'ail, mais y savent sans doute pas en faire ici.

    — Des gens bien ces Français — constatait Józek, le tireur de devant.

    — J'vous disais : la France — rappelait l'aspirant qui, venant de Coëtquidan, attendait sa première étoile.

    Le radiotélégraphiste et le tireur de devant ne soupiraient pas après ce qui manquait, ne jaugeaient pas l'allié retrouvé, et ne faisaient pas la promotion de la France. Ils dévoraient, tout simplement. Mais ils eurent beau dévorer, s'abreuver de vin, avec une douce bénédictine par-dessus — ils ne parvinrent pas à liquider la collecte de toute la journée. Ambroży et Józek emballèrent ce qui restait de façon que les bouteilles ne se cassent pas, et que les reliefs du repas ne s'imprègnent pas de l'odeur de cambouis. Ils remirent le *corned beef* honni aux Français de la ferme voisine. Ceux-ci n'en revenaient pas de la générosité des Polonais.

— Pas difficiles, leurs gens — le conducteur Ambroży enrichissait son stock d'expériences.

Le lendemain matin le régiment devait reconnaître le passage de la rivière ; on se dirigeait maintenant vers Saint-Omer. Parmi les cartes envoyées par l'état-major de la division apparurent des cartes d'un nouveau pays : la Belgique. Sur la rivière figuraient quatre ponts et un gué problématique, et les pelotons s'égaillèrent pour s'emparer des ponts, si les Allemands ne les avaient pas fait sauter, et les tenir. La rivière avait un cours pittoresque, avec des pentes abruptes, formant des méandres et des alluvions ; Ambroży y décela une certaine ressemblance avec la Wilia, juste à côté des Werki[155]. Mais la Wilia, c'est clair, était plus belle. Le terrain était ondulé, comme on disait dans les briefings, et effectivement il y avait des grosses bosses, des bosses, des creux, des petites ravines, et partout là-dedans des maisons, des fermes et des villages. On était séparé des Allemands par la rivière, aussi la population, ne craignant rien, ressortait-elle d'autant plus volontiers. Ils avaient appris hier par des unités de quelque division SS battant en retraite que des Polonais arrivaient — et sur les maisons, au côté des petits drapeaux tricolores, flottaient aussi les couleurs blanc et rouge. L'arrivée des chars n'était pas, comme ailleurs, une surprise s'abattant soudain après des années d'attente. On les avait entendus et

---

[155] Les Werki (Verkiai en lituanien) sont un quartier de Wilno (Vilnius) situé sur la rive droite de la Wilia (Neris en lituanien), affluent du Niémen, et possèdent un vaste parc urbain.

vus accéder le soir à la rivière et établir leur campement un peu plus loin. On savait qu'ils se pointeraient le matin ou avant midi. On les attendait le long des routes, des enfants partaient en reconnaissance, des vieillards sortaient des tabourets devant leurs maisons et s'asseyaient, clignant des yeux au soleil, *monsieur l'abbé* de noir vêtu rappliquait ainsi que l'officiel *monsieur le maire*. Ce n'était pas seulement une célébration, mais aussi une fête. Et comme on avait du temps à volonté et que le département du Pas-de-Calais est habité par des gens pratiques, personne n'arrivait *avec les mains vides* pour accueillir les Polonais. Oh non ! On savait bien que le soldat ne vit pas uniquement des ordres et des communiqués de presse, de la rosée du matin, du sourire des femmes et même de fleurs, mais d'une réalité un peu plus réelle. Aussi les braves Katanes[156] avaient-ils une main levée en guise de bienvenue, et l'autre tenant leurs dons. Le mois d'août français riait là-haut avec son soleil, les vergers embaumaient du parfum de leurs fruits — et de temps en temps seulement se faisait entendre d'au-dessus de la rivière une courte rafale, telle une sarcelle prenant soudain son envol au-dessus des roseaux.

Dans la vie de tous les jours, l'équipe du « Nelly » formait une collectivité sui generis, où la plupart des décisions, hormis celles se rapportant au combat, étaient consensuelles, un peu automatiques, et s'imposaient habituellement du fait des circonstances. C'était aussi le cas ce jour-là, alors qu'ils se déplaçaient depuis longtemps d'un pont à l'autre, recherchant celui que les Allemands n'auraient pas eu le temps de faire sauter. Ils avaient trop longtemps sillonné routes et villages où la population sortait à leur rencontre pour ne pas s'être adaptés au nouveau contexte. Car les gens dans les chars — ce ne sont pas des automates, des exécutants sans cervelle, le doigt sur la couture du pantalon, mais des gens qui réfléchissent. Des gens qui ont de la jugeotte. Et le nouveau contexte avait imposé de nouvelles fonctions aux

---

[156] Surnom à connotation péjorative donné par les Polonais aux Français... qui le leur rendaient bien en les traitant de Polaques !

membres de cette équipe. Il est vrai que le conducteur conduisait son char comme avant (à part que sa trappe était ouverte et qu'il devait pendre garde à ne pas écraser ceux qui faisaient preuve de trop d'enthousiasme), mais Józek, le tireur de devant, n'était pas du tout à sa place réglementaire. Il était assis à l'extérieur du char, latéralement, appuyé à un garde-boue, les jambes pendantes vers l'intérieur, et ses mains, au lieu de tenir les poignées du fusil mitrailleur, ne cessaient de faire la navette, comme des grues portuaires ou sur des quais de docks, entre la foule et l'intérieur du char et vice versa. (Dans ce dernier cas, elles étaient évidemment vides). Il fallait voir ces grosses pattes, longues, rougeaudes, simiesques, de véritables pattes d'ouvrier du Powiśle ou de Muranów[157], décrivant des demi-cercles de gauche à droite, attraper au vol ce qu'on leur tendait, bouteilles, paquets, paniers, colis, et les déposer intelligemment, méthodiquement et prestement dans les entrailles sans fond du char, comme dans les casiers d'une cave. Allant et revenant, allant et revenant. Józek se dépensait tellement que la sueur lui coulait sur le front, sous son béret noir avec un petit aigle blanc dessus. (Il ne l'avait pas enlevé, comme l'aurait certainement fait plus d'un troufion : qu'ils sachent qu'ils ont affaire à des Polonais !) Si la foule alentour avait été davantage capable d'observer froidement, elle eût remarqué que Józek ne procédait pas n'importe comment. Ses bras ne se tendaient pas indifféremment vers n'importe quel don. Ils sélectionnaient. Les bouteilles de champagne, faciles à distinguer, avaient sans conteste la *priority* sur beaucoup d'autres — à moins que Józek n'en repérât une ressemblant à du calvados ou du kirsch. Sur la base d'on ne sait quels critères mystérieux, il préférait certains paquets à d'autres, savait lesquels il suffisait de jeter quelque part au fond du char, et ceux qu'il fallait ranger soigneusement. Il ne connaissait pas un mot de français à l'exception de *oui*, qu'il prononçait en revanche sans arrêt, évidemment comme le

---

[157] Quartiers populaires de Varsovie.

polonais « łój[158] ». Il faut dire que le vacarme des chenilles, des moteurs, les voix des gens, ne se prêtaient guère aux discours, mais Józek inlassablement criait : — Łój, łój, łój ! Aboule, aboule ton champagne, Katane patriote, aboule, aboule. Hé, ne me fourre pas tes flasques dans les pattes, suis la queue ! łój, łój, łój, merci mon bon monsieur, merci. Ah, bravo, plus y aura de cochonnaille, plus vite on sera à Berlin. Ambroży, par Dieu que j'aime, du boudin, il a nous a refilé du boudin, le fermier ! Et de l'o de koloń[159] pour ma fiancée écossaise, vous en avez ? O de koloń ? O de koloń ? Ne me fourguez pas de plantes, ma petite fille, ne me les mettez pas dans les yeux, le char c'est pas le cercueil de votre grand-mère. Oh, celle-là je ferais bien un p'tit tour avec elle, par Dieu que j'aime, si on s'arrêtait quelque part. Tout de suite, tout de suite, łój, łój, łój, mersi, bążur[160], ne poussez pas, chacun son tour, n'ayez pas peur, bon peuple allié !

Bien qu'incompréhensibles et assourdis, les discours improvisés de Józek faisaient grande impression. Le char après avoir constaté que les Allemands avaient fait sauter ce pont-là également, fit route dans une nouvelle direction. Arrêté à une bifurcation, l'aspirant confrontait la carte et le territoire. Józek pendant ce temps tirait les conclusions pratiques de la récente escarmouche.

— Ambroś[161], si tu ne roules pas tout doucettement en traversant ce nouveau wilaż[162], alors, par Dieu que j'aime, je n'y arriverai pas. Déjà maintenant, on a laissé quelque trois bouteilles de cognac sur le carreau ! Moi, c'est pas tellement pour ces bouteilles de cognac, tu comprends, mais c'est parce qu'on peut pas manquer de respect à des Français, des alliés, des associés, p... de sa mère, des Français. Qu'est-ce que t'as à te presser, la guerre va finir ou quoi ? Et pour nous, les autres se pressent peut-être ?

---

[158] Transcription phonétique du *oui*, se prononçant *woui* (w anglais).
[159] Eau de Cologne.
[160] « oui, oui, oui, merci, bonjour » transcrit phonétiquement en polonais.
[161] Diminutif d'Ambroży.
[162] « village » transcrit en polonais.

Et s'adressant à la tourelle, il ajouta :

— Antosiek[163] (c'était le radiotélégraphiste), tu pourrais peut-être attraper ces pommes au vol, quand ils vont les lancer. Moi je ne m'en sortirai pas avec ces bricoles. C'est bon, des pommes. On a un canard, ça pourrait faire une oie aux pommes, quand on fera halte quelque part.

Seul le tireur principal, dépassant trop peu de la tourelle, n'était pas apte à de nouvelles fonctions au sein du char. Mais pour l'aspirant chef de char, Józek avait déjà trouvé une fonction appropriée.

— Mon lieutenant ! Restez donc droit debout dans la tourelle et saluez sans arrêt. Mais à la fois à droite et à gauche. Comme leur De Gaulle à Paris. Et souriez du mieux que vous pouvez. Ça fait très bien, ça resserre les liens en tant qu'alliés, et ça multipliera nos petits suppléments. Tout est dans la présentation !

Ces vilains Allemands avaient également fait sauter le pont suivant, ce dont on fit le rapport au régiment, et le régiment à la division. Cette information ne sembla pas faire bonne impression ni à l'échelon du régiment, ni à celui de la division, mais Józek ne cédait pas à un pessimisme excessif. Le fait que les ponts étaient littéralement coupés entre le bord allié et le bord allemand était en effet très favorable à la stimulation de l'ambiance hospitalière, ce qui à son tour ne restait pas sans effet sur le contenu du char. Lorsqu'on procéda à la reconnaissance du troisième pont, Ambroży en était déjà à devoir tout repousser sur les côtés : le conducteur manquait de place.

— C'est rien, après le *corned beef*, les biscuits et autres saloperies en conserve, on va enfin pouvoir bâfrer comme des gens normaux — rassurait Józek.

Et les autres étaient de son avis car effectivement on en avait tous assez.

La troisième localité était plus grande, plus huppée, des dames riches et visiblement distinguées se pressaient devant l'auto, un général français en retraite, droit comme un i, la moustache blanche,

---

[163] Diminutif d'Antoine.

130

embrassa sur les deux joues l'aspirant rouge comme une pivoine. Il se trouva qu'il connaissait Coëtquidan, qu'il avait fait jadis la connaissance du général Sikorski[164] et fait partie des *Amis de la Pologne* à Nancy. Pendant ces confidences, Józek continua à rafler les fruits de la victoire et tirer meilleur parti de l'amitié franco-polonaise que ne le faisait (à plus grands frais) notre diplomatie. Une seule chose le chiffonnait : les fleurs. Comme pour mal faire, il y en avait plein en cet endroit et les trois chars du peloton en avaient été décorés. On en avait garni le fut du petit canon, la tourelle, les garde-boue, les phares ; tout ce dans quoi il était possible d'introduire des fleurs. D'énormes pivoines tombèrent dans la trappe d'Ambroży, poussées par quelque énergique main : encore heureux que ce n'étaient pas des roses, elles lui auraient griffé le visage. Aussi, lorsque le char sortit dans les champs, il était tout en couleurs, encoconné de roses, d'asters, de marguerites, de volubilis, de pois de senteur, de capucines, de fleurs de riches jardins et aussi de modestes fleurs des champs de la douce Somme, et ils roulaient ainsi dans cette nébuleuse colorée, véritablement enguirlandés par la France. Józek se plaignait que le char ressemblait à un corbillard de première classe, mais l'aspirant ne permit pas d'enlever les fleurs. Comment donc ! Entretemps c'était déjà l'après-midi et, guidés par des gars du coin qui avec le plus grand plaisir avaient pris place partout sur le char, ils parvinrent à un autre coude de la rivière. Il y avait là un *château* situé à proximité d'une petite ville, au fond d'un grand parc. Au-dessus de leur tête de vieux tilleuls assoiffés se mirent à chantonner leur chanson slave, une brise fraîche souffla et on sentit comme une odeur de miel, jusqu'à ce qu'ils arrivent à la rivière. Une seule question les taraudait : y aura-t-il un pont, ou non ? Car ici, dans le parc, devait se trouver le quatrième pont, privé. Peut-être les Allemands l'avaient-ils oublié, peut-être n'avaient-ils pas eu le temps ? Quelque part sur la droite chatoya la tache claire d'un gazon, et celle encore plus claire, car blanche, du *château* au toit

---

[164] Cf. la note 59 supra.

aérien. Ils passèrent outre. Qu'en avaient-ils à faire ? Le pont ! Une deuxième allée, une troisième, les têtes dépassant des tourelles se cognaient aux branches les plus basses, jusqu'à ce que soudain elles s'écartent. Devant eux il y avait l'autre rive, la rivière et — le pont.

Le lieutenant en personne sortit de son char et courut jusqu'au pont pour vérifier qu'il n'était pas miné. Non. Son char démarra maintenant en tête. Il passa rapidement sur le pont — faisant osciller la vieille carcasse, car elle n'avait rien d'un pont costaud, et certainement pas d'un pont prévu pour des chars : un pont privé, seigneurial. Juste après le tournant, dans lequel a disparu le char du chef, à gauche. C'est par là ? La route est longue ! Le deuxième char mit les gaz et passa le pont. Entretemps le jardinier français avait montré autre chose à l'équipe du « Nelly ». Le matin une patrouille polonaise était venue ici, au lever du jour, et avait chassé les Allemands ; mais l'un des nôtres était tombé. *Madame* en personne lui avait creusé ici une tombe. Le jardinier dégagea dans les broussailles, juste à côté de la route, une sépulture toute fraîche, peu profonde. Elle était surmontée d'une croix coiffée d'un casque anglais, d'infanterie, avec un aigle peint dessus. L'aspirant commanda de décrocher toutes ces fleurs, bouquets, couronnes, guirlandes, ces roses et pivoines, myosotis, dahlias, et autres encore, toute cette reconnaissance florifère de la France qui s'était abattue et avait enrobé l'acier du char polonais — et d'en recouvrir cette peu profonde et anonyme sépulture. Et c'était mieux ainsi, plutôt que de jeter cela dans quelque fossé, comme voulait le faire le vilain Józek ; en même temps cela allégeait le char de sa glorieuse, mais trop voyante bigarrure. Il redevenait apte au combat. Et lorsque, passé le pont, le télégraphiste jeta un dernier regard en arrière, il vit, à côté de la route et d'un pont sur une rivière dont ils ne connaissaient même pas le nom, s'élever dans les fleurs une tombe de plus de soldat polonais en terre étrangère, dressée là en signe de retour de la liberté.

La halte pour la nuit les trouva à quelque vingt miles de ce franchissement, peut-être moins, peut-être plus, difficile à dire aujourd'hui, car l'escadron et le régiment s'étaient alors fortement avancés mais, comme de coutume pour la nuit, s'étaient repliés de quelques kilomètres. Ils avaient passé cette deuxième moitié de la journée à combattre. Ce n'était pas dangereux, aucun canon antichar, mais — des mortiers, des fusils mitrailleurs, et le plus souvent des Allemands en fuite. Deux chars, il est vrai, furent touchés, mais « Nelly » n'eut même pas à tirer beaucoup. Néanmoins, ils étaient si fatigués le soir qu'ils ne s'escrimèrent pas avec la collecte accumulée dans le char. Le lendemain ils roulèrent toute la matinée, ou plutôt coursèrent, mais les Allemands avaient retraité encore plus vite, si bien que le régiment, en tête de la division, fonçait à toute allure vers la frontière belge. Les gens se tenaient sur le bord des routes et attendaient, Józek raflait ce qu'il pouvait, l'aspirant distribuait saluts et sourires, seul Ambroży, le conducteur, suait au fond de son antre.

— Ambroś, quelque chose pour toi : y donnent des médaillons de la Vierge ! — s'écria Józek à un moment donné.

En effet, d'un monastère visible un peu plus loin sur une hauteur, était sortie une cordée blanche de religieux. Avec leurs têtes tonsurées, pâles dans la blancheur de leurs habits, ils avaient l'air de fantômes extraterrestres, soudain perdus au milieu de cette guerre. Une cordée de moines sortie au-devant d'un défilé de cromwell — le moyen-âge venu se mêler à ce que notre ère de progrès avait apporté au monde.

— Ambroś, dépêche que j'te dis, tu vas gagner cent jours d'indulgence — criait Józek, ajoutant — mon lieutenant, et si on restait ici une petite année, les mains croisées sur notre petit bedon ?

Mais ni Ambroś, ni l'aspirant, ni personne de l'équipe du « Nelly » ne trahissaient d'élans voltairiens, et même Józek, lorsque le char parvint à la hauteur des moines, se signa comme les autres, d'un grand signe de croix. Et le dominicain en tête de cordée, très maigre, au regard brillant et au sourire surnaturel, levant sa croix bien haut, lentement, cérémonieusement, bénissait les passagers des chars. Et les cromwell du dixième régiment le dépassaient à la queue leu leu et l'on voyait les équipes debout dans les véhicules répéter ce signe de croix — comme le répètent des gens qui savent que leur dernière heure peut arriver bientôt, attendue ou inattendue, et que peut-être au moment où elle surviendrait, ils manqueraient de force et de temps pour prendre

133

congé de ce monde par ce signe sacré. Et une demi-heure plus tard peut-être, ou peut-être même moins, soudain au lieu de petits drapeaux bleu-blanc-rouge — des rouge-jaune-noir. Et aux fenêtres des portraits d'un beau gosse avec une blonde et trois jolis enfants.
— Nous venons d'entrer au Royaume de Belgique ! — constata solennellement le radiotélégraphiste.
— Jésus-Marie, et elle est où, la frontière ? On n'a même pas réussi à dire adieu à la France, notre alliée aller-retour, et voilà qu'on libère déjà un nouvel allié occupé. Si ça continue comme ça, peut-être que le soir on va apercevoir leurs moulins hollandais et leurs vaches ?

Ce dernier commentaire venait, cela va de soi, de Józek.

Mais quelque part derrière eux, on commanda en haut lieu de faire halte relativement tôt dans l'après-midi. On eut du temps pour se laver et faire la popote, et aussi mettre enfin un peu d'ordre dans le bordel à l'intérieur du char, comme le disait l'aspirant.

Les généreux dons de la France accomplissaient maintenant le chemin inverse. Ils retournaient des profondeurs du char à l'air libre, repassant même par la même trappe dans laquelle les mains expertes de Józek les avaient balancés. Ce dernier s'était à présent introduit dans le char, avançant les prises les unes après les autres au radiotélégraphiste, tandis que le tireur principal et Ambroży, assis dans un trou qu'ils avaient creusé, les triaient. Les bouteilles avec les bouteilles, les pommes avec les pommes, les charcutailles françaises à part, les fromages à part, les camemberts, les pains, les petites mottes de beurre. Tout cela se passait plus calmement qu'avant, et plus systématiquement, et le radiotélégraphiste décomptait dans le silence général :
— Quatre champagnes, trois fromages, six champagnes, quatre beurres, quatre fromages, deux kirschs, un jambon fumé, deux jambons fumés, sept champagnes, cinq beurres, on ne va pas mourir de faim, les gars, *vive la France !* Józek continuait à faire passer. Trois kirschs, huit champagnes…

C'était un bon radiotélégraphiste, et l'art d'émettre et recevoir 110 lettres à la minute procure visiblement un bon entraînement mental.

Mais voilà que, après peut-être le huitième champagne et avant le

troisième jambon fumé — même lui achoppa :
— Et ça, c'est quoi ? On dirait un livre ? Un livre, mon Dieu que j'aime ! un vieux livre, comme pour la messe. Ambroś, c'est pour toi, un souvenir de la France, prie pour nous, pour que nous ne mourions pas dans la fleur de l'âge... Trois jambons fumés. Un pain...

Ambroś, à qui le livre était échu en partage, le mit de côté, et ce n'est qu'après, lorsque le radiotélégraphiste et l'aspirant étaient allés chercher quelque chose à l'escadron et que Józek et le tireur principal s'étaient attelés à la préparation du souper, qu'il ouvrit le livre. Ambroś aimait les livres, et c'était d'autant plus étonnant qu'il ne lisait pas couramment. Il n'était pas jeune, Ambroś, non, et bien grisonnant. Ce n'était pas non plus un analphabète : comment donc ! Mais il appartenait à cette classe moyenne, à ce jour toujours existante chez nous, qui lit mieux ce qui est « imprimé » que ce qui est écrit à la main, les grosses lettres plutôt que les petites, dans les journaux surtout les titres des dépêches, et parmi les livres le plus volontiers les missels. Ambroś avait appris à conduire, conduisait le char de manière calme et fiable, mais la lecture constituait pour lui un écueil dangereux, que les vagues de son intelligence préféraient éviter. Mais Ambroś, toutefois, manifestait plus d'intérêt pour « l'écrit » que plus d'un diplômé. En dépit des moqueries de Józek, son autorité au sein du « Nelly », et même dans le peloton, était grande et quand un moteur ou une arme étaient défaillants, on accourait chez Ambroś au moment de la halte.

— Caporal, quelque chose s'est bloqué dans ma besa[165]...
— Vraiment ? Qu'est-ce qui peut bien se bloquer dans une besa ? Montre-moi ça, mon coco, je vais regarder... Ah, je vois... Je vais t'arranger ça, et toi, lis-moi ce qui est écrit dans ce journal, là en dessous de la photo.
— Houlà... mais c'est un vieux journal. Et qu'est-ce qu'on y voit ! Le grand chef en train d'embrasser des *junak*[166]...

---

[165] La besa (d'après les initiales du fabricant britannique BSA) était une mitrailleuse alimentée par bande, montée sur les chars et véhicules blindés.
[166] Membres d'organisations paramilitaires de la jeunesse polonaise.

— Vieux ou pas vieux, en train d'embrasser ou pas, lis ! Le boulot va tout de suite mieux quand quelqu'un lit à côté...
C'était l'un des trucs d'Ambroś. C'est pourquoi tous ceux qui préféraient se déchirer la gueule à ânonner les appels au combat de « La Pologne combattante » plutôt que d'avoir les mains dans le cambouis, et même parfois saignantes — fonçait chez Ambroś.

Et lorsque même les besas « bloquées » se faisaient rares, Ambroś privé de lecture tournait en rond et entreprenait son camarade :
— Józek ?
— Quoi ?
— Viens donc, assis-toi, lis-moi...
— Quoi encore ?
— Lis, j'te dis.
— Allons bon. Tu peux pas le faire toi-même ?
— J'pourrais, mais j'ai du mal avec mes yeux quand le soir tombe...
— Quel soir ? c'est cinq heures.

Quand les hostilités s'engageaient de façon aussi défavorable pour Ambroś, il lui arrivait habituellement du renfort. Le plus souvent l'aspirant s'arrachait à sa lettre à quelque fiancée, regardait Józek dubitativement et attaquait :
— Vous n'en mourriez pas, si vous lisiez un peu pour le caporal...
— Et alors ? Le tireur de devant doit se faire prof pour faire la lecture à monsieur le ministre-conducteur ?

Dans ces cas l'aspirant ne haussait jamais le ton. Il le baissait même, mais disait d'autant plus catégoriquement :
— Non. Mais à un camarade.

Un jour l'aspirant prit le journal en personne et lut le compte-rendu in extenso de l'irréprochable activité du PCK[167] ainsi que la rubrique « Les Polonais de Téhéran » depuis le n° 9823, Wrzuszczak Józef de

---

[167] *Polski Czerwony Krzyż* : la Croix Rouge Polonaise.

LE LIVRE-CADEAU

Turka[168], jusqu'au n° 10110, Zwierzchowska Helena, de la maison Kracewicz, de Druja[169]. Aussi Józek n'attendait-il plus l'intervention de l'aspirant et préférait capituler avant. En revanche, il se vengeait sur le journal lui-même, assaisonnant de ses commentaires les interviews des généraux, les pronostics politiques de Zbigniew Grabowski[170], les poèmes de guerre, les appels historiques et autres documents du même acabit que Ambroży ingurgitait avec sa douce résignation de natif de Wilno. Ah, il s'en donnait à cœur joie et se défoulait avec une telle jouissance qu'il n'est pas possible d'en rendre compte, même partiellement, et Ambroży se contentait de temps en temps de loucher de côté et l'avertissait :

— Tu tiens absolument à ce quelqu'un t'entende ! Tu veux à nouveau te prendre « un deux »[171], vraiment ?

Et Józek se calmait.

A présent, alors que les autres faisaient cuire sur un réchaud des pommes de terre fraîches avec des œufs, des oignons et du boudin, Ambroś ouvrit religieusement le livre, passa sa rugueuse et lourde main sur la reliure marbrée, inspecta le dos en cuir ; sentit. Non, ce n'était pas un livre ordinaire, mais une antiquité qui, même après avoir passé tant d'heures à l'intérieur du char, n'avait pas été imprégnée par les relents de cambouis ou de gaz d'échappement, mais avait gardé cette insaisissable odeur de renfermé et de vieux.

Ambroś ouvrit le livre d'autant plus religieusement. Malheureusement, la page de titre en était abîmée, il ne put lire que le mot « LIV… » et en bas, bien qu'avec difficulté, *Paris, impr. A.Pinard, 15*

---

[168] Plusieurs villages en Pologne et en Ukraine portent ce nom.
[169] Village actuellement en Biélorussie, dans le district de Vitebsk.
[170] Zbigniew Grabowski (1903-1974) était un publiciste, traducteur angliciste, romancier polonais, directeur de programmes à la radio polonaise de Londres pendant la Seconde Guerre mondiale. Il rédigea également des articles de presse pour les Nouvelles Polonaises. Il vécut en exil après-guerre et ses écrits furent censurés en République populaire de Pologne.
[171] Note 2 sur 5, dans le système de notation scolaire polonais.

Quai Voltaire. La suite était en polonais : *Année 1832 ; 32°, 125 p.* Il y avait même le prix en polonais : 2 zlotys 15 groszy[172]. Mais il n'y avait pas le nom de l'auteur.

Un missel — pensa-t-il derechef. Et une illustration du type religieux le conforta dans sa conviction.

Sur la deuxième page il remarqua une inscription à l'encre, que le temps avait foncée. Les lettres en étaient calligraphiées avec soin, bien que par une main certainement assez âgée. Cette inscription, incompréhensible pour Ambroś, était :

Ce livre appartenait
à feu mon père
Erasme Klobukowski
officier au 10ème Reg. Pol.
des Chasseurs à Cheval.
Dieu veille sur son âme !
A. de M.[173]

— Klobukowski — épela laborieusement Ambroży. — Klobukowski ? Il y avait bien un Kłobukowski à Nowe Święciany[174] ; il y a beaucoup de Kłobukowski. Dans notre régiment il y a même un aspirant Kłobukowski.

Par habitude, il jeta un coup d'œil dans la direction de Józek. Mais ce dernier était occupé à allumer du feu.

— Alors, Ambroś, tu pourrais nous faire la lecture, pour une fois ? — dit Józek, prévenant l'attaque.

— Eh bien, Ambroś ? — plaisanta le tireur principal. — Est-ce qu'on n'a pas suffisamment lu pour toi ?

— Vous voyez pas que c'est un livre complet ? — se défendait Ambroży.

---

[172] Subdivision du zloty.
[173] En français dans le texte.
[174] Petite ville aujourd'hui en Lituanie, dans la région de Wilno (Vilnius).

LE LIVRE-CADEAU

— Lis n'importe où, du moment que tu lis. — Et leurs yeux riaient méchamment. Ils se poussaient du coude.

Pas d'échappatoire. Ambroś regarda la page qui était ouverte. C'était imprimé clairement, proprement ; pas comme dans le journal ; mais avec netteté, comme dans un missel. En outre il y avait beaucoup d'espaces blancs et de phrases commençant par une grosse lettre. Et il sembla soudain au vieux caporal qu'il arriverait à lire ; il commença à lire à la page qu'il avait ouverte. Le calme régnait dans la campagne et seul le réchaud glissé en dessous du char émettait ses sifflements, quand soudain s'éleva une voix, incertaine, pareille à une oraison, la voix d'Ambroś :

Et quand ils parlent de Votre guerre pour le salut des nations, ils ne nient pas que Vous ayez bien agi, mais disent que ce n'était pas en temps opportun, tout comme les docteurs reprochaient au Christ d'oser guérir des malades le jour du sabbat, criant : est-il juste de guérir le jour du sabbat...

Il lut et ressentit comme une peur de devoir continuer. Il leva les yeux et perdit le fil du texte qu'il était en train de lire. Il tomba sur un autre passage, comme un début de chapitre, abîmé même, et lut :

Vous entendez dire : la patrie c'est là où l'on est bien. Mais le Polonais dit aux nations : la patrie c'est là, où l'on est mal, car partout où en Europe on opprime la liberté et lutte pour elle, c'est là qu'on se bat pour la Patrie, et tous devraient prendre part à cette lutte.

On disait autrefois aux nations : ne rendez pas les armes tant que l'ennemi occupe un empan de Votre terre ; mais Vous, dites aux nations : ne rendez pas les armes tant que le despotisme occupe un empan de terre libre.

Car et le Français, et l'Anglais, et l'Allemand défendent leur propriété, et haïssent leurs ennemis. Et pourtant, lorsque le Français, l'Anglais et l'Allemand voyagent parmi les peuples, ces peuples ne viennent pas à leur rencontre pour leur chanter leurs chants.

Mais Vous, ils viennent à Votre rencontre et Vous accueillent, et Vous chantent Vos chants, car ils sentent que c'est Vous qui combattez pour la liberté du monde.

139

Il lut à présent plus longtemps, sans interruption, jusqu'à la fin de tout le chapitre, qui était court, et en entama un nouveau :
Lorsque Vous arriverez dans une ville, bénissez-la, disant : la liberté soit avec vous. S'ils Vous accueillent et Vous écoutent, alors ils seront libres ; mais s'ils Vous méprisent et ne Vous écoutent pas, et Vous chassent, alors Votre bénédiction Vous reviendra.
Ambroś s'arrêta. S'étonnait-il d'entendre les paroles qu'il avait lui-même prononcées ? Quelque chose s'était-il manifesté en lui, bien qu'il ne sût pas encore quoi ? Il y avait presque une menace dans ces dernières paroles et il s'en effraya, si bien qu'il se tut — de même que tous ces autres.
— Eh bien ? — demanda simplement Józek.
En quittant une ville et un pays impies, asservis — continuait à lire avec difficulté Ambroży — *secouez la poussière de Vos chaussures et je Vous dis en vérité que Toulon, Nantes et Lyon seront mieux lotis aux jours de la Convention que cette ville ne le sera aux jours de la Confédération Européenne.*
Un conducteur de char d'un autre peloton s'approcha pour demander quelque chose ou se renseigner. Il écouta un instant et questionna Józek à mi-voix :
— Des prophéties ?
Et comme Józek se contenta d'opiner de la tête, ils continuèrent à écouter. Ils étaient déjà sept.
Car lorsque la Liberté s'assoira sur le trône du monde — lisait Ambroży, appuyé au garde-boue du cromwell comme s'il lisait une oraison — *elle jugera les nations.*
Et elle dira à une nation : j'étais agressée par des brigands et je t'ai appelée, nation, pour un morceau de fer afin de me défendre, et une poignée de poudre ; et toi tu m'as donné un article de journal. Et la nation répondra : Maîtresse, quand m'as-tu appelée ? Et la Liberté répondra : j'ai appelé par la bouche de ces pèlerins, mais vous ne m'avez pas écoutée ; allez donc en esclavage, là où sifflera le knout et grinceront les oukases.
Et la Liberté dira à une autre nation : j'étais dans la détresse et la

LE LIVRE-CADEAU

misère et je t'ai demandé, nation, de m'apporter protection de la loi et assistance ; et toi tu m'as lancé des ordonnances. Et la nation répondra : Maîtresse, quand es-tu venue à moi ? Et la Liberté répondra : je venais à toi dans la tenue de ces pèlerins, et toi tu m'as méprisée ; vas-donc en esclavage, là où sifflera le knout et grinceront les oukases.

En vérité je Vous le dis, Votre pèlerinage deviendra pierre d'achoppement pour les puissances.

Là s'arrêtait la page et les deux feuilles suivantes étaient difficiles à décoller ; Ambroży, qui se débrouillait mieux avec une bougie de moteur ou un starter qu'avec un livre, les décollait comme il pouvait, avec difficulté. Mais ce faisant il remarqua qu'autour de lui et derrière lui se tenaient en silence, debout et attentifs, beaucoup plus de personnes.

Après un moment se fit entendre cette même voix chantante d'Ambroży, poursuivant sa lecture malaisée :

Les puissances ont rejeté Votre pierre de la construction européenne, et voici que cette pierre deviendra pierre d'angle et sommet de la future construction, et celui sur qui elle tombera sera écrasé, et celui qui achoppera sur elle tombera et ne se relèvera pas.

Et de la grande construction politique européenne il ne restera pas pierre sur pierre.

Car le trône de la Liberté sera transféré.

Jérusalem, toi qui tues les gens parlant de Liberté, tu tues tes prophètes ; et le peuple qui tue ses prophètes se frappe lui-même au cœur, comme un fou qui se suicide.

Et ensuite, ne sachant pas lui-même ce qui lui arrivait, Ambroś continua à lire au sujet des gouvernants et beaux esprits français qui promettaient la liberté, des gouvernants et beaux esprits anglais, des commerçants et mercantis de ces deux nations qui « ont envoyé de l'argent pour écraser la liberté ». Oui, c'étaient là d'infaillibles prophéties.

Et alors viendront des jours où vous lècherez votre or et mâcherez votre papier et personne ne vous enverra ni pain ni eau...

Ce que disait le livre n'était pas clair, comme il en va d'habitude dans ce genre de prophéties, mais par moments cela leur paraissait plus clair que tout ce qui les entourait en ce moment. Il faisait si sombre qu'ils durent allumer un phare, en l'occultant cependant avec des couvertures. Au travers de ce *blackout* et de derrière ces bâches, alors que la fraîcheur de l'obscurité se faisait de plus en plus ressentir, on voyait le vieil opuscule crûment éclairé et entendait la voix syncopée du lecteur :

Dieu tout-puissant ! Les enfants de la Nation en guerre lèvent les bras vers Toi des divers confins de la terre. Ils T'appellent du fond des mines sibériennes, et depuis les neiges du Kamtchatka, et des steppes d'Algérie, et de la terre étrangère de France...

Et là, la voix d'Ambroży se brisa soudain, il s'arrêta un instant, avant de reprendre :

... et de la terre étrangère de France. Mais dans notre Patrie, dans la Pologne qui t'est fidèle, il est interdit de T'appeler ; et nos aînés, nos femmes et enfants T'adressent leurs prières en cachette, par la pensée et les larmes. Dieu des Jagellon[175] ! Dieu des Sobieski[176], Dieu des Kościuszko[177] ! Aie pitié de notre Patrie et de nous. Permets-nous de T'adresser à nouveau nos prières selon la coutume de nos ancêtres, sur le champ de bataille, les armes à la main, devant un autel composé de tambours et de canons, sous un baldaquin composé d'aigles et d'étendards de chez nous ; et permets à notre famille de prier dans les églises de nos villes et de nos villages, et aux enfants sur nos tombes. Et que non pas notre volonté, mais la Tienne, arrive. Amen.

Et soudain tous ceux qui avaient entendu, à l'unisson d'Ambroży prononcèrent : Amen.

Et il advint alors, comme spontanément, que tous s'agenouillèrent dès qu'Ambroś eut lu — c'était écrit en grosses lettres dans le livre — « LITANIE DES PELERINS ». A peine lut-il ce mot de « litanie » que

---

[175] Les Jagellon, dynastie polono-lituanienne, régnèrent de 1386 à 1572.
[176] Cf. la note 78 supra.
[177] Tadeusz Kościuszko (1746-1817) fut le héros malheureux de l'insurrection polonaise de 1794 contre la Russie et la Prusse.

LE LIVRE-CADEAU

certains commencèrent à s'agenouiller, suivis bientôt par d'autres dans cette obscurité, car il faisait complètement noir maintenant, et ils répondaient lorsqu'il lisait :
Kyrie Eleison, Christ Eleison,
Dieu notre Père, qui sortis Ton peuple de l'esclavage en Egypte et le ramena en Terre Sainte,
Ramène-nous dans notre Patrie.
Fils Sauveur qui, torturé et crucifié, es ressuscité et règnes en gloire,
Ressuscite des morts notre Patrie.
Suivait une litanie qu'ils ne connaissaient pas auparavant, polonaise et proche d'eux, si bien qu'ils apprirent à répondre comme à l'église :
Par le martyre des citoyens d'Oszmiana[178], massacrés dans les églises du Seigneur et chez eux, Sauve-nous, Seigneur.
Par le martyre de tous les soldats assassinés à Fischau[179] par les Prussards, Sauve-nous, Seigneur.
Par le sang de tous les soldats morts en combattant pour la Foi et la Liberté, Sauve-nous, Seigneur.
Par les plaies, les larmes et les souffrances de tous les prisonniers, exilés et pèlerins polonais,
Sauve-nous, Seigneur.
Pour la guerre universelle qui libérera les peuples,
Nous Te prions, Seigneur,
Pour des armes, pour nos aigles nationales, Nous Te prions, Seigneur.
Pour une sépulture sur notre terre pour nos ossements, Nous Te

---

[178] Ville maintenant en Biélorussie, dans laquelle des troupes russes commirent des atrocités, notamment massacrant 500 personnes au cours d'un office dans une église dominicaine en avril 1831.
[179] Aujourd'hui Fiszewo en Pologne, village de Mazurie, où une vingtaine de soldats polonais furent tués ou grièvement blessés par les troupes prussiennes en janvier 1832.

prions, Seigneur.
Ce jour-là ils loupèrent même le communiqué du soir sur les combats de Varsovie — et ils ne le loupaient jamais.
Dorénavant, le livre ne les quitta plus.

Quelques bonnes semaines plus tard, dans un hôtel londonien, on se creusait la tête sur un rapport arrivé de la lointaine Hollande :
« ... cette mission d'enquête qu'on m'a confiée pour savoir si leur séjour en France (pays depuis longtemps connu pour ses tendances dissolvantes et corruptrices, et actuellement particulièrement miné par une forte peste révolutionnaire) n'a pas d'effet sur les soldats de la 1ère Div. Blindée — je me suis efforcé de l'accomplir avec tout le zèle d'un bon fonctionnaire. Les craintes et anticipations étaient tout à fait fondées. Il est vrai que le stationnement sous Bayeux était trop court, et les combats qui suivirent sous Falaise trop prenants, pour que dès cette époque les influences souterraines pussent agir efficacement sur la cohésion morale de la division. Cependant, même un court séjour en France peut s'avérer destructeur : la preuve en est cet incident que j'ai découvert — non sans peine et sans coûts (voir décompte ci-joint) ... »
Et le rapport poursuivait sur le même ton : lors du raid sur Saint-Omer (où, déjà avant-guerre, des antennes du Komintern[180] étaient particulièrement actives, comme partout dans les agglomérations industrielles et ouvrières) on a jeté au-devant de l'un des chars du régiment de reconnaissance « un pamphlet en langue polonaise, adroitement camouflé en recueil de prières et de prophéties », qui n'en contient pas moins « de la matière typiquement subversive ». On y retrouve avant tout « ce phénomène, malheureusement constant dans l'émigration, de remise en cause de l'autorité du commandement militaire » ; (en témoigne déjà le paragraphe suivant : « En qui Votre Patrie met-elle ses plus grands espoirs ? Non pas... en des gens qui ont fait la guerre par le passé et ont appris le mieux à marcher au pas,

---

[180] Alias la 3ème Internationale communiste, active jusqu'en 1943.

LE LIVRE-CADEAU

manœuvrer, et débattre de la guerre, mais en de braves soldats et de jeunes gens ». N'est-ce pas là l'éternel slogan de la propagande subversive ?) Suspectes sont également les considérations sur la question des frontières : « Le Lituanien se dispute-t-il avec le Polonais à propos de la frontière sur le Niémen, et aussi à propos de Grodno, et de Białystok[181] ? » C'est en toutes lettres ! Et que dire du passage suivant ? « Et le Polonais (je cite mot à mot — écrivait le zélote) dit aux Français et aux Anglais : si vous, enfants de la Liberté, ne me suivez pas, alors Dieu rejettera votre race, et suscitera des défenseurs de la Liberté à partir de pierres, c'est-à-dire des Moscales[182] et des Asiates ! » Voilà l'énoncé exact. Et on trouve encore des expressions du genre : « et vous allez faire appel au marteau, à votre peuple ». Il n'y a rien sur la faucille, mais ce marteau en dit long. Et on trouve beaucoup d'autres allusions du même genre.

« Comme il m'a été donné de le constater — finissait le rapport — ce pamphlet subversif a même été lu à haute voix. Si je vous en informe si tard, c'est uniquement parce que notre travail de renseignement au sein de cette formation rencontre malheureusement d'insurmontables obstacles. Il est bien connu que l'ancien, comme l'actuel, chefs de régiment ne faisaient pas preuve de la compréhension requise pour le travail du renseignement en interne et que les officiers du renseignement eux-mêmes se préoccupaient trop de leur NPL[183], négligeant leurs propres missions au sein de la 2ème section[184]. De mon côté, j'ai fait ce que j'ai pu pour y remédier et mettre en place pour mon propre compte un réseau d'information approprié à l'intérieur du régiment. C'est néanmoins particulièrement difficile du fait que le

---

[181] Aujourd'hui, Białystok est toujours en Pologne, mais Grodno est en Biélorussie. A l'issue de la Seconde Guerre mondiale, la Pologne a perdu ses territoires en Lituanie, Biélorussie et Ukraine.
[182] Surnom péjoratif donné aux Russes.
[183] Abréviation de *Non Performing Loan* : situation de découvert ou d'insolvabilité bancaire ?
[184] Section chargée du renseignement.

régiment de reconnaissance, constamment en action, est davantage que d'autres exposé à subir des pertes, et les plus aguerris de nos gars ne se pressent pas au portillon, on le sait, pour aller en première ligne ».

Le rapport provoqua, semble-t-il, une assez longue correspondance chiffrée entre la centrale londonienne et le zélote du continent, correspondance entretenue conformément aux modalités requises, connues de lui seul. Des experts dûment qualifiés, ramenés (avec remboursement des frais de séjour et de repas) d'Edinbourg se creusaient la tête sur les extraits de la brochure suspecte, envoyés entretemps du continent. Jusqu'à ce que l'un d'eux, qui avait même passé le bac en son temps, pût apaiser la suspicion de ses collègues. La brochure avait effectivement été publiée en 1832. L'avait écrite à l'époque — bien que ne l'ayant jamais signée — un certain Adam Mickiewicz, du reste souvent et copieusement accusé par les zélotes du moment, de son vivant et dans l'émigration, de russophilie, de slavophilie et de communisme juif. Elle s'intitulait *Livres de la Nation Polonaise et des Pèlerins Polonais*[185].

Mais personne n'a su, et sans doute jamais ne saura, par quelles voies ce qui appartenait à un officier et émigré polonais a atterri à l'intérieur d'un char polonais roulant l'été sur les routes de la France en guerre. Le nom d'Erasme Kłobukowski du 10ème régiment de Chasseurs à cheval de la Garde apparaît à plusieurs reprises dans les annales de cette émigration. Il participa au Collectif socialiste de Humań[186], où

---

[185] La brochure d'Adam Mickiewicz (1798-1855) *Księgi Narodu Polskiego i Pielgrzymstwa Polskiego* parut en décembre 1832, juste un an après l'échec de l'insurrection polonaise de 1830-1831 contre le tsar Nicolas 1er et la tutelle russe. Cet opuscule dans le style biblique est à l'origine de ce qu'on a appelé le « messianisme » polonais. Deux ans plus tard, celui qu'on a surnommé « le barde slave » fit paraître son chef-d'œuvre *Pan Tadeusz* (« Messire Thaddée ») : cf. la note 192 infra.

[186] Ville de Podolie, aujourd'hui en Ukraine, où existait un grand centre de formation de l'intelligentsia polonaise, notamment de futurs cadres militaires.

LE LIVRE-CADEAU

soldats et officiers fraternisaient au sein d'une communauté, avec Bem[187] il s'apprêtait à partir au Portugal, mais on le vit aussi à l'Hôtel Lambert[188] assister à une commémoration de l'insurrection. Puis on le perdit complètement de vue — et ce n'est que maintenant que la guerre mit au jour une ultime trace de lui. Une chose en tout cas fut accordée à cet exilé : l'opuscule dont à l'époque il tirait ses prières pour des armes, des aigles nationales et pour la guerre universelle en faveur de la liberté des peuples, se retrouva non seulement sous le toit d'une chaumière de village, mais aussi sous les tôles blindées des chars polonais.

---

[187] Józef Bem (1794-1850) est un général, écrivain, ingénieur militaire polonais qui participa à l'insurrection de 1830-1831. Après l'échec de celle-ci il émigra en Allemagne puis en France. En 1833 il participa à des tentatives de création d'une armée polonaise en Belgique, Egypte et Portugal.
[188] Institution monarchiste, créée en 1833, regroupant la « Grande », et riche, émigration polonaise à Paris, ayant son siège à l'Hôtel Lambert sur l'Ile Saint-Louis. Dirigée par le Prince Adam Czartoryski, elle joua un important rôle politique, diplomatique, social et culturel dans la vie de la diaspora polonaise à une époque où la Pologne était rayée de la carte d'Europe.

L'OMBRE DE LA GEORGIE [189]

A Paris, Jan marchait dans la rue sans se presser, comme si tout ce qu'il avait vécu pendant ces cinq années n'était qu'un rêve, un mauvais rêve, un cauchemar. En tout début de ce clair après-midi de décembre, il y avait encore moins de passants que d'habitude dans cette partie de la ville. Et donc moins d'uniformes étrangers, moins d'Américains se dandinant bruyamment, moins d'Anglais smart, moins de guerre et moins de kaki. En revanche le pont Alexandre III exhibait comme avant ses laideurs dorées vieillottes, ses chevaux, ses sirènes et ses plantureuses créatures symbolisant la République française et l'Empire des Romanov. Et ce pont, qui n'avait jamais suscité chez Jan d'agréables réminiscences, s'avérait cette fois moins politique et davantage dix-neuvième siècle et parisien. La laideur dorée du pont tsariste s'était patinée durant ces années. Passant dessus, Jan se retourna en direction de la rive gauche de la Seine. Comme s'il voulait s'assurer personnellement que la coupole des Invalides et la tour Eiffel étaient toujours à leur place — comme avant. C'était bien le cas. Au sommet de cette tour aussi intimement associée au souvenir de Paris que le spectacle des pyramides l'était à l'Egypte, celui des gratte-ciel à l'arrivée sur New-York et la colonne de Sigismond à Varsovie, pendait à nouveau le *tricolore*[190] ; seule différence, il paraissait plus grand que celui d'avant. Ses couleurs bleu, blanc, rouge paraissaient également d'une plus grande fraîcheur qu'auparavant. Plus loin [sic] que la tour Eiffel se dessinait dans la brume bleutée de Paris la coupole des

---

[189] 12ème récit du recueil « Treize récits » (*Trzynaście opowieści*) paru en 1946.
[190] En français dans le texte.

Invalides, inchangée, tranquille et lointaine. Jan avait déjà passé le pont et remontait les Champs Elysées en suivant une allée latérale. En chemin, un visage connu passa comme un éclair dans son champ de vision. C'était Florian Sokołów, élégant comme un général anglais dans son uniforme de *war correspondent*[191], qui descendait de l'Etoile en pilotant une superbe fille, toute jeunette. Une Américaine, selon toute apparence, buvant de ses yeux écarquillés un Paris inconnu. « Jasiek, il faut que nous nous voyions, moi je crèche au Scribe. Comment va Manuel ? » — fit-il signe aimablement, et rendit dans la foulée, avec une grâce bienveillante, leur salut à deux jeunes sous-lieutenants britanniques de la garde, lesquels à sa vue s'étaient redressés et avaient porté énergiquement la main à la visière de leur casquette.

Jan arpentait ce Paris comme une ville-réceptacle de souvenirs d'un temps révolu, et c'est peut-être pour cela qu'il ne poursuivit pas sur les Champs Elysées vers les parterres de l'Arc de Triomphe s'esquissant dans l'azur ensoleillé, mais fit brusquement demi-tour et tourna à gauche, en direction d'une petite et assez étroite ruelle. Les marronniers et les platanes du Palais de l'Elysée, juste à main droite, le long de la résidence close des présidents de la République, avaient étendu ici leur tapis bruissant de feuilles jaunes qu'on n'avait pas ramassées. Jan se souvint soudain de cette scène des premiers vers, ou presque, de *Messire Thaddée* :

> *Un jeune seigneur venait de franchir (le portail) en briska à deux chevaux*
> *Et ayant fait le tour de la cour revint devant le perron,*
> *Sortit du véhicule ; les chevaux, abandonnés à eux-mêmes,*
> *Broutant l'herbe s'approchaient doucement du portail.*
> *Le manoir était désert car sa porte d'entrée était fermée*
> *Par des crochets au travers desquels on avait passé une cheville.*
> *Le voyageur ne courut pas à la ferme se renseigner auprès du*

---

[191] « correspondant de guerre » en anglais.

L'OMBRE DE LA GEORGIE

personnel,
Il ouvrit, se précipita dans la maison, ayant hâte de la saluer ;
Il ne l'avait pas vue depuis longtemps[192]

Il ne savait pas bien pourquoi. Paris ne rappelait en rien le tranquille manoir de Soplicowo, et la jeep qui hier les avait déposés à la Cité Universitaire n'avait, elle non plus, guère de ressemblance avec une « briska à deux chevaux » lituanienne. Mais non : l'écho des vers de Mickiewicz ne résonnait pas sans raison dans le bruissement des feuilles de l'Elysée ! Jan, lui aussi —

... voit ces mêmes instruments, ces mêmes tapisseries
Dont il aimait s'amuser depuis sa naissance ;
Mais ils étaient moins grands, moins beaux, qu'il ne lui semblait avant...
Il courait ainsi dans toute la maison et cherchait la pièce
Dans laquelle il avait vécu enfant, il y a plus de dix ans.[193]

C'est ainsi qu'à chaque pas de cette *flânerie*[194] de l'après-midi Jan était assailli par des lambeaux de souvenirs et des bribes de vers. Il finit par comprendre. Le mystère de ces associations était simple : au cours de ces quarante années à peine d'existence de Jan, s'étaient effondrés derrière lui, les uns après les autres, les mondes de son enfance, de sa jeunesse, et même de son âge adulte. En tout premier s'était effondré le lointain Caucase de son enfance, avec le souvenir de son père-ingénieur et de la datcha en bois dans ces jolies villes de Sotchi, Erzurum et Tiflis[195]. S'était effondrée également et avait brûlé

---

[192] Vers 41 à 49, Livre I, du poème d'Adam Mickiewicz, dans la traduction de Richard Wojnarowski.
[193] Ibid. vers 53 à 55 et vers 73-74.
[194] En français dans le texte.
[195] Sotchi est aujourd'hui en Russie, Erzurum en Turquie, et Tiflis (ou Tbilissi) est la capitale de la Géorgie.

la Biélorussie de Słuck[196], avec ses forêts de bouleaux, ses routes poussiéreuses qu'on prenait pour aller de la gare d'Orsza[197] chez sa grand-mère maternelle, une vieille dame qui correspondait avec Orzeszkowa[198], terrorisait ses chiens, son personnel et ses petits-enfants, et avait gardé jusqu'à sa mort, dissimulé dans son cœur, l'inconsolable chagrin d'avoir marié la plus aimée de ses filles à « quelqu'un de la ville ». Ces deux mondes — le Caucase et la Biélorussie — s'effondrèrent les premiers et le plus vite. Ils s'effondrèrent même si parfaitement que Jan admit cela comme quelque chose de nécessaire, d'indispensable, quelque chose — en somme — de naturel. Comme il est naturel qu'à un certain âge on abandonne ses jouets d'enfant, autrefois si attirants, et qu'on ne retourne ni aux jeux, ni aux habits de son enfance. C'est seulement lors de son séjour en Angleterre qu'il découvrit que normalement il en allait, et devait en aller, autrement. En stage dans des régiments britanniques, Jan s'aperçut que ses collègues avaient un *home* à eux — même s'ils n'en étaient pas propriétaires — que quelque part, dans le Somerset ou le Salop[199], ou le Huntingdonshire, ou le Norfolk, ou le Devon, il y avait une maison à leurs grands-parents, où se trouvent toujours les mêmes tapisseries jaunies de leur enfance, les mêmes photographies victoriennes de personnes décédées depuis longtemps, où l'on ne change que le bois dans les mêmes cheminées, les chiens endormis auprès des mêmes fauteuils, et où la guerre — c'est quelque chose qui se passe très loin, et la révolution — quelque chose qu'on lit dans les journaux, comme l'éruption d'un volcan, un cyclone dans les Antilles ou un geyser en Islande.

---

[196] Aujourd'hui en Biélorussie, cette ville où vivait une importante communauté juive, a subi de considérables pertes humaines et destructions de son patrimoine historique pendant la Seconde Guerre mondiale.
[197] Ville aujourd'hui en Biélorussie, dans le district de Vitebsk.
[198] Eliza Orzeszkowa (1841-1910) est une romancière polonaise, patriote ayant milité en faveur de l'amélioration de la condition des femmes, des paysans et des Juifs.
[199] Autre nom du Shropshire, comté des West Midlands.

L'OMBRE DE LA GEORGIE

Plusieurs collègues de Jan l'emmenèrent chez eux pour quelques jours de permission et c'est alors seulement qu'il prit conscience que la normalité ce n'est pas que les pays de notre enfance ou de notre jeunesse glissent les uns après les autres dans l'abîme : la normalité c'est que leur pérennité soit plus pérenne qu'une vie, qu'une jeunesse. Plus pérenne que plusieurs générations. En même temps, Jan prit alors conscience du grand soutien qu'apportait à John, Teddy, Bob, Phelps, Cromarty, Irving — lors des jours de Dunkerque, Birmanie, Italie, Singapour, dans l'oflag ou même les geôles japonaises — le fait que quelque part là-bas en Angleterre il existe un Linby Hall ou un Wencesworth Hill, ou un Dartley Lodge, ou même, comme on les appelle là-bas, un *home* des plus modestes, même tout à fait modeste, mais à soi, familial, où toujours les feuilles jaunissent dans les allées en automne, où toujours les lapins causent des dégâts dans le jardin au printemps, où toujours ruisselle sur les cailloux un insignifiant tributaire de la Severn, du Leach ou de la Yare, où toujours le *postman* arrive à 9.30 le matin, et le laitier dès huit heures, et où toujours la tante Betty — au pire Marjorie ou Fanny — célèbre à cinq heures de l'après-midi le rite compliqué et super important du thé. Jan comprit que la pérennité de ce *home* est aussi fondamentale pour la pérennité de l'Empire que le Roi, le Parlement, la Navy, la Bank of England — les quatre piliers et sacralités du Royaume-Uni. Et quand il eut pris conscience de cela, il prit conscience en même temps que l'énorme majorité des Polonais n'avait pas ce que ceux-là avaient. Il découvrit encore une autre misère polonaise. Un enfant trouvé est habitué à n'avoir ni père ni mère, mais prend conscience de leur manque quand il voit d'autres enfants heureux.

Jan voyait ce besoin de *home* s'insinuer également chez d'autres émigrés là-bas et parfois dégénérer en pathologie. Quant à lui, ses contacts anglais avaient éveillé la nostalgie des différents *homes* qui, dans sa vie, n'avaient pas duré plus que son enfance ou sa jeunesse. Après l'échec du soulèvement de Varsovie, Jan se rendit compte, plus tôt que d'autres, d'un nouveau malheur : la Pologne de sa jeunesse, c'est-à-dire la Pologne des années 1922 à 1938, avait glissé dans le même abîme de temps que celui dans lequel avaient jadis sombré la datcha en bois de sa Sotchi caucasienne ainsi que sa Biélorussie rêvée, mélancolique, avec ses pistes poussiéreuses, ses bois de bouleaux, sa maison de Łopuszna[200]. — Ce qui maintenant sera quand je rentrerai — si je rentre — sera une autre Pologne. Peut-être meilleure pour certains ; peut-être pire pour d'autres. Mais pour tous, différente. — Et c'est pourquoi Jan portait à présent un regard des plus tendres sur Paris. Paris en effet n'était pas aliéné. Paris avait été épargné. Paris avait survécu. Le soulèvement qui avait balayé de ces rues les traces brunâtres de croix gammée était comme une forte averse d'été qui ne fait que laver l'asphalte, raviver le vert des feuilles, et rafraîchir l'air ; ce n'était pas, comme à Varsovie, une tempête qui brise la couronne des pins et renverse les chênes. Oui, Paris avait survécu. Et Paris n'était pas aliéné ; au contraire, Paris lui était plus proche que ces villes et bourgades anglaises où Jean, pourtant, avait passé davantage de temps qu'ici. Comment cela ? Pourquoi ? Mystère du continent ? De ce même et unique continent, qu'occupent à la fois le magnifique Paris, et les habitants de la lointaine Łopuszna, ainsi que ceux de la plus lointaine encore Sotchi ? Peut-être... Mais aussi écho de son enfance, lorsque la langue française, comme c'était le cas en Russie à l'époque, se fit entendre de bonne heure au-dessus de son berceau, quand dans les récits des aînés se profilait souvent Paris. Et ensuite trois séjours successifs. Le premier en 1932. Le deuxième... Le troisième... Oui, Paris faisait partie de cette époque de sa vie à laquelle l'année 1939 avait définitivement mis un terme ; et ce Paris était une des rares scènes de sa vie sur laquelle il lui était donné de revenir. Ici et ici seulement il pouvait encore marcher dans des rues qui n'avaient pas changé, côtoyer des maisons que rien n'avait brûlé, être là où l'on s'était trouvé un jour. Et Jan ne ressentait pas de tristesse à l'idée que Paris était toujours là, tandis que Varsovie... Il ressentait plutôt de la reconnaissance en son âme du fait que, parmi tous ses mondes, ce seul au moins

---

[200] Village aujourd'hui en Biélorussie, à environ 130 km à l'ouest de Mińsk.

L'OMBRE DE LA GEORGIE

avait survécu.
 Il s'arrêta et regarda autour de lui.
 Oui. Beauvau, cette place circulaire, était bien la même qu'avant, du temps de ce premier voyage, et aussitôt ses souvenirs affluèrent. Jan se rappelait ce petit-matin, les trains croisés en arrivant. Il se rappelait le train s'arrêtant, les cris : Gare du Nord ! et *tout le monde descend !*[201] ; il se rappelait avoir pris le taxi, s'être souvenu qu'à l'étranger on donnait un pourboire aux chauffeurs — et non pas un fixe de 10% comme en Pologne. Ensuite, avoir essayé dans ce taxi de se repérer dans la ville, avoir constaté à quel point elle était déserte à cette heure, grise, sale — rien d'étonnant : c'était cinq heures le matin — et enfin avoir tourné sur cette petite place, et de là s'être engagé dans une rue étriquée — la rue de Miromesnil. Il y avait là un hôtel que le rédacteur en chef de son journal lui avait déjà indiqué à Varsovie ; l'hôtel était au courant de son arrivée. Jan se rappelait qu'il y avait une enseigne au-dessus du bistro d'en face et qu'on arrosait la rue pendant qu'il sortait du taxi et payait, qu'ensuite la *mademoiselle* Cécile, souriant comme si elle le connaissait de longue date, l'avait conduit à l'étage. *C'est votre chambre.* Jan se rappelait cette chambre avec son énorme lit à la française, inconnu des hôtels polonais, tchèques ou viennois, sa moquette moelleuse, usée, et le marbre blanc de sa cheminée. C'est alors seulement, grâce à ce lit, cette chambre et cette cheminée que Paris lui parut moins lointain. Il se rappelait avoir baissé les stores et s'être couché après deux nuits passées en troisième classe dans le train rapide Negoreloïe[202]-Varsovie-Paris. Quand il se réveilla, un ardent soleil filtrait en grosses taches de chaleur à travers les rideaux occultant la fenêtre, et un brouhaha lointain, mais intense, lui parvenait de la ville éveillée depuis longtemps. Voilà comment Paris, un jour, se découvrit à Jan.
 L'hôtel était toujours à sa place. Il n'avait été ni réquisitionné, ni

---

[201] Les passages en italique figurent en français dans le texte.
[202] Dans l'Entre-deux-guerres, Negoreloïe, située à 50 km à l'ouest de Mińsk, était une gare frontalière entre la Biélorussie soviétique et la Pologne.

fermé. Jan n'eut même pas à sonner : ce n'était pas cinq heures le matin ! Il pressa simplement la poignée en laiton bien poli et poussa la porte vitrée. Il se retrouva dans le hall. Dans la pièce de gauche les lauriers-roses d'antan se balançaient mélancoliquement ; quelqu'un écrivait assis à l'un des bureaux. A droite... *Nous sommes bondés, monsieur, rien à faire.* Jan reconnut la voix et sourit. Il expliqua qu'il ne s'agissait pas de cela. *Mademoiselle* Cécile ne l'avait pas reconnu, mais se répandit aussitôt en manifestations de joie. — *Bien sûr, bien sûr... Vous étiez ici en trente-deux — non, écoutez, trente-trois. Puis deux fois en trente-six. Puis en trente-huit. Avant Munich —* soupira-t-elle. — *Puis en trente-neuf !* — Elle énumérait de mémoire, de cette infaillible mémoire d'hôtelière, chacun des séjours parisiens de Jan. La saison. Presque les mois. Elle lançait des questions, et sans attendre la réponse, continuait à jacasser. Elle fit venir le grassouillet *monsieur* Gaston, bien vieilli, qui rappliqua avec la même veste d'alpaga, le même *torchon* dans les pattes, répliquant ses piaillements de sa grosse voix de basse. — *Alors vous restez chez nous ?* — demanda-t-elle, oubliant que l'instant d'avant *tout était bondé.* Et Jan s'abstint de dire qu'il habitait chez un ami, correspondant du « Manchester Guardian », lequel avait retrouvé son appartement parisien intact, ni que la solde d'un lieutenant de l'armée polonaise n'était plus ce qu'elle avait été. Il resta. Il retrouva son ancienne chambre, celle *des longs séjours*, comme la désignait *mademoiselle* Cécile. On y accédait par une deuxième cage d'escalier, au quatrième étage et sans ascenseur ; mais on voyait de là l'alignement biscornu des toits et les lointains jardins des Tuileries.

Il fila par le métro et ramena ses affaires militaires.

Une demi-heure après son retour, quelqu'un frappait à la porte de sa chambre.

— *Come in* — cria-t-il et, pris de honte, rectifia d'une voix plus forte :

— *Entrez.*

— *J'ai une lettre pour vous* — riait sur le pas de porte *mademoiselle Cécile,* gardant les mains derrière le dos.

L'OMBRE DE LA GEORGIE

— Une lettre pour moi ? Comment cela ? Déjà ?
— Et vous savez d'où ?
— ?
— De Varsovie ! Mais non, je ne devrais pas plaisanter ainsi avec vous — rectifia-t-elle aussitôt. Pardonnez-moi, je, je ne voulais pas... D'ailleurs la lettre vient vraiment de Varsovie. Mais encore d'avant la guerre. Lorsque, à l'époque, vous êtes parti en catastrophe, nous ne savions pas où la renvoyer, vous deviez revenir, vous vous rappelez ? La lettre est restée là. Puis, quand vous êtes revenu, j'ai complètement oublié. Et maintenant aussi j'aurais oublié si Gaston ne me l'avait pas rappelé. *Il est vieux, mais il a bonne mémoire.* Voici la lettre.

Jan prit l'enveloppe et ressentit une déception. Non, ce ne pouvait être aucune des lettres qu'il aimerait recevoir maintenant. L'adresse était tapée à la machine. L'enveloppe était marquée au nom d'un grand journal pour lequel il avait jadis travaillé pendant des années, et avec lequel il avait ensuite rompu quand le rédacteur en chef avait commencé à orienter le journal dans une direction qui ne lui plaisait pas. C'était il y a bien longtemps — pensa Jan : six années plus tout le temps de la guerre. Que pouvaient-ils lui demander ? Il remarqua que l'enveloppe était très épaisse : peut-être une épreuve périmée ? Il l'ouvrit. De l'enveloppe s'échappa un document dactylographié assemblé par des trombones — Jan reconnut les caractères de sa machine Corona — ainsi qu'une brève lettre de son rédacteur en chef :

Mon cher Jan !
Je vous renvoie ci-joint le tapuscrit de votre interview du président de Géorgie car — comme je l'avais prévu — cela ne colle pas très bien. Vous vous rappelez certainement que depuis le début je n'étais pas très chaud pour votre projet. En quoi peut bien nous intéresser, en 1933, une Géorgie indépendante avec son premier ministre reconstituant à Paris son cabinet et se disputant avec ses socio-démocrates ? Pourquoi n'avez-vous pas plutôt interrogé monsieur Uszaliwadze sur

ses souvenirs historiques ? Peut-être a-t-il connu Kerenski[203] ou Rodzianko[204] ? Il a peut-être été en rapport avec Piłsudski[205] ? Peut-être aurait-il pu dire quelque chose sur les Polonais du Caucase avant 1914 ? Cela aurait été certainement plus intéressant que ses plans politiques.

Nous avons viré l'argent, comme d'habitude au Crédit Lyonnais, Av. Wagram. Je vous saurais gré de m'envoyer un petit mot. Je vous rappelle l'interview de Montherlant.

Avec ma cordiale poignée de main.

Suivait la signature. Les lettres qui nous arrivent après quelques années — se disait Jan — sont des lettres d'un autre adressées à un autre. Et il lisait la lettre sans bien comprendre de quoi il s'agissait vraiment. Il voyait que la lettre lui était adressée, que ce Jan — c'était bien lui, lui en personne. Et il savait que celui qui l'avait écrite, signée et envoyée — était lui aussi quelqu'un qu'il connaissait. Mais le contenu de la lettre lui était aussi étranger que le contenu d'une lettre échangée entre deux inconnus. Quel argent ? Que signifie « comme d'habitude » ? Et qu'est-ce que cette interview avec un premier ministre de Géorgie ? Qu'est-ce que cette reconstitution de cabinet ? Et Montherlant ? Non, il ne savait rien. Mais, pliées en trois, il y avait là, tombées sur son lit, les feuilles blanches de son tapuscrit. Jan commença à le lire, ce tapuscrit — son tapuscrit. Il était précédé d'un long intitulé : Jan à l'époque aimait bien ce genre d'intitulé à rallonge.

---

[203] Alexandre Kerenski (1881-1970) fut membre puis ministre-président du Gouvernement provisoire de la Russie après l'abdication de Nicolas II en mars 1917, et fut renversé par les bolcheviques lors de la révolution d'Octobre 1917.

[204] Mikhaïl Rodzianko (1859-1924), homme politique russe, joua également un rôle-clé dans les évènements qui aboutirent à l'abdication de Nicolas II.

[205] Cf. la note 22 supra.

L'OMBRE DE LA GEORGIE

J'étais jeune — pensa-t-il : comme aujourd'hui Marek Święcicki[206] ou Karol Krótki[207]. Et il lut :

LE GOUVERNEMENT EN EXIL D'UN PEUPLE COURAGEUX.
LA GEORGIE VIT A PARIS.
INTERVIEW DU PREMIER MINISTRE A. W. UWALISZADZE.

Uwaliszadze ! C'est ça. Et dans la lettre c'était comment déjà ? Uszaliwadze ! Oui : ce sagouin aura écorché le nom. Qu'en avait-il à faire dans sa rédaction polonaise de Uwaliszadze ou Uszaliwadze ? Comme pour les Anglais aujourd'hui... Uwaliszadze. Ça y est, il s'en souvient. En effet. Uwaliszadze.

L'épaisse nuit parisienne de décembre s'étalait aux carreaux de la fenêtre. Quelque part sur le boulevard Haussmann on entendait le grondement de lourds lorries américains ; dans le couloir une voix aiguë rappelait qu'il y avait *couvre-feu*. Jan enleva son *battle-dress*, ses chaussures — et se glissa dans le lit froid, déboutonnant sa chemise kaki. Il tourna l'interrupteur au-dessus du lit. La lampe au-dessus de sa tête n'éclairait à présent que ses mains, le bord de la couverture et ce tapuscrit de l'interview jamais publiée, et qui, retoquée, méprisée, s'était réfugiée ici, avait survécu — et à un moment donné était ressortie inopinément, à l'instar d'un esprit sortant la nuit de sa tombe, d'une araignée surgissant sur un mur ; Jan lisait.

Et en même temps sentait, plus puissants que les mots de l'interview, affluer ses souvenirs tels des papillons de nuit se précipitant vers

---

[206] Marek Święcicki (1915-1994), journaliste polonais, fut correspondant de guerre auprès des troupes polonaises ayant rejoint les Forces alliées en 1940. Animateur culturel, éducateur au sein de la diaspora polonaise, écrivain, il émigra aux Etats-Unis en 1956.
[207] Karol Krótki (1922-2007) rejoignit la France en 1939 et participa en 1941-1942 à la campagne de Lybie avec les Forces alliées. Il termina la guerre en Angleterre en tant que pilote de la RAF et connut ensuite une carrière d'universitaire spécialiste de la démographie, notamment au Canada où il émigra.

la lumière et s'enroulant autour de l'interview retoquée au fur et à mesure qu'il la lisait.

Il est des terreaux qui possèdent la stupéfiante capacité de conserver les dépouilles ; l'atmosphère parisienne possède manifestement la capacité de conserver les souvenirs. Jan commençait à se remémorer tout. Il voyait distinctement les feuillets bleus de son carnet de notes, dans lequel étaient inscrites les onze adresses qu'on lui avait données avant son départ pour Paris. Des noms français, polonais, juifs, toutes potentielles accroches en ces lieux qui lui étaient étrangers. Le nom exotique de Uwaliszadze figurait en dixième position. Et pourtant ce fut la deuxième adresse à laquelle Jan se manifesta. Il s'en souvient. Il avait téléphoné depuis le hall. *Mademoiselle* Cécile l'avait aidé. Jan demanda en français : *Puis-je parler à M. Ouwalichadzé* ? et quand il sut qu'à l'autre bout de la ligne il y avait effectivement M. Uwaliszadze, il dit qu'il était Jan Garnysz, fils de Stanisław Garnysz, ingénieur ayant travaillé à la construction du Chemin de fer transcaucasien du Grand-duc Constantin Nicolaïevitch[208]. *Monsieur* Uwaliszadze s'en souvient-il ? Son père Stanisław habitait dans la rue Lermontov. Ils avaient une villa à Sotchi... Ses explications s'avérèrent superflues. Il fut interrompu par un flot de paroles en français prononcées avec un soyeux accent russe. Si Uwaliszadze s'en souvenait ? Comment pourrait-il ne pas se souvenir de ce cher Stanisław Fadiejewicz[209]. Stanisław Fadiejewicz ! (Jan avait du mal à intégrer que ce Stanisław Fadiejewicz — c'était son père à lui, Jan). Uwaliszadze se souvenait même de lui, Jan, bien que Jan ne puisse pas s'en souvenir : *vous étiez trop petit*. Oui, Stanisław Fadiejewicz était un fidèle ami de monsieur Uwaliszadze. Et un authentique ami de la Géorgie. Est-ce que vous êtes depuis longtemps à Paris, Jan Stanisławowicz ? Peut-être pour toujours ? Et pour longtemps ? Ah, comme journaliste ? Ça tombe bien. Parfait. Et quand êtes-vous libre pour déjeuner, Jan

---

[208] Deuxième fils du tsar Nicolas 1er de Russie.
[209] Translittération du russe Фадеевич : patronyme « fils de Thaddée ».

L'OMBRE DE LA GEORGIE

Stanisławowicz ? Jan Stanisławowicz répondit que ça pourrait se faire même aujourd'hui. Mais la voix au téléphone répondit qu'aujourd'hui non : il y avait aujourd'hui réunion *de notre conseil*. Jan ne comprenait pas de quel conseil il y avait aujourd'hui réunion, mais peu lui importait et il donna son accord pour le lendemain. Pour jeudi. A midi trente. Ça peut-être *dans mon bureau* ? Jan assura qu'il se présenterait très volontiers chez monsieur Uwaliszadze. Il nota l'adresse.

Le quartier et la rue où habitait l'ami géorgien de son père défunt de longue date faisaient partie de ces quartiers de Paris qui étaient très à la mode et huppés avant les transformations haussmanniennes de la ville lors des années dix-huit cent soixante ; encore huppés, bien que moins à la mode dans les premières décennies de la Troisième République ; ils avaient gardé encore un peu de leur dignité au 20ème siècle également. Y dominaient des villas de plusieurs étages aménagées à présent en plusieurs appartements indépendants, mais ayant conservé le même aspect extérieur. Leurs propriétaires spéculaient manifestement sur une modernisation de Paris qui finirait par toucher aussi ces quartiers, rachèterait ces quelques centaines de maisons à des prix vertigineux, les démolirait et construirait à leur place des mastodontes lecorbusiens avec piscines couvertes, jardins sur les toits du treizième étage et garages souterrains. Dans l'attente de ce grand jour, ils s'efforçaient de ne pas mettre trop d'argent dans l'entretien de ces vieilles bicoques. Le n° 28, où Jan devait rencontrer l'ami de son père, était justement l'une d'entre elles. Un petit jardin la séparait de la rue. Jan passa la grille, sur laquelle étaient apposées deux plaques de bronze. Etant légèrement en retard, il n'y prêta pas attention. La porte d'entrée de la villa était ouverte, ainsi que celle donnant sur une pièce à main gauche. Il s'en souvient, c'était un bureau. Dans le couloir résonnaient déjà à ses oreilles les voix d'une vive discussion en russe, français et encore une autre langue, gutturale. La dispute était si chaude que lorsque Jan se retrouva dans l'entrée les protagonistes ne le remarquèrent absolument pas. Il décida d'attendre qu'ils aient fini et recula un peu. Du couloir il voyait cependant correctement la salle. C'était une assez grande pièce, tapissée d'une tapisserie fanée ; s'y trouvaient côte à côte trois petits bureaux, une machine à écrire passablement archaïque, ainsi qu'un téléphone, véritable antiquité. Au mur derrière les bureaux était suspendue une carte du Caucase, compartimentée en différentes couleurs. Au-dessus, deux portraits et des drapeaux entrecroisés. Jan reconnut, ou plutôt devina, les couleurs de la Géorgie.

Le débat montait encore en intensité, passant simultanément dans cette langue incompréhensible, gutturale. Il y avait trois protagonistes. Tous les trois manifestement Caucasiens. L'un d'eux gros et aux cheveux blancs, un autre dans une espèce de veste militaire, et le troisième assez jeune, cheveux noirs, le plus sûr de soi. Il y avait aussi une femme, apparemment une vieille fille, aux beaux traits de géorgienne. Elle semblait vouloir apaiser le débat, mais le faisait avec une telle passion qu'elle augmentait le boucan. Jan se remémora aussitôt les bazars de Tiflis et Sotchi. Oui, c'était comme ça. Ces bazars constituaient toujours une parcelle de son enfance, des lambeaux de sa patrie personnelle, privée — pourrait-on dire — et à présent cette discussion rappelant les bazars ranimait le passé en lui. La femme remarqua sa présence la première et, tirant les interlocuteurs par la manche, entreprit de les calmer, ce qui ne fut pas sans mal. Elle vint alors à la rencontre de Jan, demandant :

— *Monsieur ?*

Mais elle interrompit Jan dès ses premières paroles :

— Ah, c'est vous ! Parfait. Monsieur le Président va vous recevoir *tout à l'heure*. On nous a téléphoné de l'ambassade.

Le vieux monsieur la coupa :

— C'est vous l'envoyé du maréchal Piłsudski ? Justement, il s'agit pour moi...

Jan, rougissant on ne sait pourquoi, essayait de dire qu'il n'était l'envoyé de personne. Cela ne produisit aucun effet.

— *Je sais, je sais* — disait le monsieur âgé sur le ton d'un médecin parlant à un malade qui assure être complètement guéri. — Je sais. Vous pouvez être tranquille... Je vais faire les présentations... Monsieur Garnysz... *vous êtes comte, n'est-ce-pas ?*... Le général... — et là bruissa un nom poétique et incompréhensible. — Il s'agit pour nous

de vous...
    Mais dans l'autre porte déjà surgissait la demoiselle d'un certain âge.
    — *Son Excellence* vous attend...
    Le ton était pressant et quelque part comminatoire pour ces trois. Mais eux redoublèrent leurs attaques.
    — Il vous faut savoir...
    — *C'est très important...*
    — *Слушайте*[210]...
    Dans l'encadrement de la porte apparut cependant un monsieur d'un certain âge, corpulent, alliant d'une matière singulière distinction et familiarité. Il comprit aussitôt ce qui se tramait. Il accourut vers Jan et lui tendit la main de façon à l'attirer vers soi et lui faire tourner les talons. Jan n'eut pas le temps de s'apercevoir que le président n'était plus devant, mais derrière lui, qu'il lui avait passé paternellement le bras gauche autour des épaules et le conduisait, ou plutôt le poussait dans un petit cabinet, après quoi il referma soigneusement la porte derrière lui. Ce faisant, il ajouta encore quelque grognement en géorgien. Après un moment, de derrière la porte parvenaient toujours, mais s'atténuant, les éclats de voix de la discussion ; on y distinguait surtout les piaillements apaisants de la femme. Elle devait se tenir tout près de la porte.
    — *Очень, очень рад*[211] — assura Uwaliszadze, après quoi il ajouta à voix plus basse :
    — *Sortons !*
    Et il dirigea Jan vers une petite porte derrière le bureau. Elle donnait sur un couloir sombre, au parquet grinçant ; ils dépassèrent un petit débarras, une entrée de cuisine. (Les odeurs d'huile d'olive, d'ail et de graisse de mouton ressuscitaient toujours chez Jan ses souvenirs tiflisiens). Ils sortirent. Ils traversèrent un jardin miniature, puis la cour

---

[210] « Ecoutez » en russe.
[211] « Très, très heureux » en russe.

de quelqu'un, passèrent la grille de la maison et se retrouvèrent enfin dans une rue assez bruyante.

— *Nous sommes presque hors du danger.* — Uwaliszadze, arborant un sourire triomphant, trottina un peu plus tranquillement de l'autre côté de la rue.

Jan marchait avec la désagréable impression qu'il y avait eu un malentendu et que lui, Jan, se devait de l'éclaircir. Mais, quelques dizaines de pas plus loin, Uwaliszadze entra le premier dans un petit restaurant, où — comme à Tiflis et dans ce couloir là-bas — ça sentait le mouton et, de la même façon des visages noirs de Géorgiens se tournaient vers lui. Uwaliszadze était manifestement un habitué de l'endroit ; il s'informait, donnait des instructions, se disputait à propos de quelque chose. Jan avait l'impression qu'il s'efforçait de prendre un ton de supériorité, alors que le personnel se montrait d'une gentille familiarité. On finit par les installer dans une petite pièce à part ; l'entrée en était occultée par un rideau tressé sur lequel était représentée la redoutable figure d'un Tcherkesse[212].

— Maintenant nous sommes tout à fait en sûreté — dit Uwaliszadze après avoir commandé les plats. Je leur ai dit de ne pas leur révéler, au cas où ils viendraient aussi ici, que j'y suis. Mais ils vont certainement attendre là-bas. — Il se mit à rire.

— Qui étaient ces messieurs ? — demanda Jan.

— Ah, c'est toute une histoire — soupira Uwaliszadze. — Nos histoires géorgiennes ! Le vieil âne est aujourd'hui chef de notre opposition. Le général, une incapable enflure, était ministre de la Guerre dans le gouvernement précédent. Et cet autre jeune nigaud... nous cause plein de problèmes. Ils ont tout de suite été au courant. Ils ne vous laisseraient pas respirer... Pour quel journal travaillez-vous ? Ce petit vin rouge tranquille fera très bien l'affaire avec ce *chahagbili*[213]...

Une heure plus tard, Jan était revenu dans le cabinet d'Uwaliszadze

---

[212] Les Tcherkesses étaient un peuple belliqueux du Nord-Caucase.
[213] Ou encore « chakhokhbili » : plat traditionnel géorgien, sorte de ragoût de volaille avec tomates, herbes fraîches et ail.

L'OMBRE DE LA GEORGIE

et sirotait un café noir, préparé dans des tasses en laiton à la manière — ainsi l'assurait le maître de céans — authentiquement géorgienne, mais qui — de l'avis de Jan — ne différait pas de la turque. Deux heures plus tard, il était toujours assis dans le même fauteuil. Les cinq heures approchaient quand il prit enfin congé de son hôte. Il rentrait mélancolique. Le véritable objet de sa visite chez A. W. Uwaliszadze était quasiment passé à la trappe. Le vieil avocat de Tiflis, malgré toutes ses protestations d'amitié, lui avait très, très peu parlé de son père, ce Stanisław Fadiejewicz — comme il l'appelait — dont il avait été jadis l'ami, et à propos duquel Jan avait pourtant entendu maintes histoires, longues et embrouillées, racontées par sa mère. Et Jan qui, ayant perdu son père si tôt, avait une telle envie d'apprendre tout ce qui est possible sur son compte ! En revanche, ces quelques heures de conversation l'avaient saturé de tout un tas d'informations concernant le passé, le présent et l'avenir de la Confédération Caucasienne, la Géorgie et son gouvernement, dont le chef actuel *en exil* et aussi ministre des Affaires étrangères n'était autre que l'ancien ami de son père — A. W. Uwaliszadze.

Une demi-heure avait amplement suffi à Jan pour deviner dans quel monde il avait involontairement mis les pieds. Mais il lui était difficile pendant le lunch — un bon lunch ! — de se soustraire aux quasi-embrassades du vieux et digne monsieur, lequel à chaque mouvement d'impatience embrayait à nouveau soit sur Stanisław Fadiejewicz, soit sur Jadwiga[214] Pietrowna, soit sur Sotchi, si bien que le Polonais reprenait patience. Il lui fut encore plus difficile de se soustraire au café noir chez son hôte — Jan dut prendre son mal en patience. Il baissa les bras, se résignant à perdre ces quelques heures de vie parisienne pour écouter les élucubrations d'une émigration politique de deuxième rang dans une Europe d'après-guerre. Il s'efforça même, dans son renoncement, d'éveiller en lui de l'intérêt pour le sujet, vu qu'il ne pouvait s'en abstraire. Il se dit qu'il trouverait bien du temps demain pour les

---

[214] *Hedwige* en polonais.

Invalides et les Champs Elysées — et s'immergea avec résignation dans l'histoire de la Géorgie.

Historien de formation, journaliste de profession — Jan avait découvert dans les récits compliqués d'Uwaliszadze toute une série de leitmotivs. Et avant tout celui d'une véritable tragédie historique. Ayant fait remarquer que l'histoire de la Géorgie remontait au 3ème siècle après JC, Uwaliszadze avait eu cependant la bonté de survoler d'une seule phrase une quinzaine de siècles pour rapidement arriver au dix-septième, et même au dix-huitième. Il avait parlé de la Géorgie, vieux peuple, vieille culture et vieil Etat, malmenés par les tornades des incursions tatares. Lorsque disparurent les Tamerlan, les Gengiskhan, les Hordes d'Or et sans Or, de nouveaux dangers se firent jour. Déchirée par les conflits de ses grandes familles, privée d'un pouvoir royal fort, dotée d'une armée archaïque, la Géorgie — et avec elle tout l'entre-mers caucasien — se retrouva coincée entre trois puissances : la Perse, la Turquie et la Russie. La pression russe, en particulier, s'accentua au 18ème siècle. Soupirant, Uwaliszadze avait raconté comment le lointain Saint-Pétersbourg soudoyait avec son or et terrorisait avec ses baïonnettes, comment il excitait les marchands arméniens et les montagnards tcherkesses, comment ses ambassadeurs portaient sur le trône et menaient par le bout du nez les derniers rois géorgiens, faibles et veules. Jan ne connaissait pas cette histoire, mais elle ne lui était pas étrangère. L'histoire postérieure du Caucase — le 19ème siècle, siècle de l'asservissement — ne lui était pas étrangère non plus. Uwaliszadze montra un portrait de Chamil[215], gravé par le même atelier parisien que celui qui, presque à la même époque, éditait de semblables portraits des chefs insurgés polonais ; Uwaliszadze parlait des défenses héroïques, des sanguinaires gouverneurs généraux, du peuple infortuné et de l'abject régime tsariste. Et tout cela ne paraissait à Jan que des avatars de la même histoire. Ses années tiflisiennes avaient entretenu

---

[215] Imam Chamil (1797-1871) fut un chef de guerre daghestanais, qui prit la tête de la résistance des peuples du Caucase face aux conquérants russes dans la période 1834-1859.

L'OMBRE DE LA GEORGIE

chez lui un rapport chaleureux, sentimental à l'égard du Caucase et de ses peuples. A présent le récit d'Uwaliszadze tombait dans un terreau propice.

En revanche, il avait écouté avec beaucoup moins d'intérêt les considérations sur la situation actuelle, l'énumération des partis géorgiens — il y en avait onze — des premiers ministres, des généraux, des gens qu'Uwaliszadze appelait héros nationaux, et d'autres qu'il accusait de trahison. Uwaliszadze ne se faisait pas d'illusions, savait que Jan n'était pas du tout un envoyé du Belvédère[216] ; mais n'oubliait pas qu'il était journaliste. Jan devait maintenant payer les conséquences de cet état. Uwaliszadze lui avait sorti de ses tiroirs des copies de notes remises aux gouvernements ou aux ambassadeurs de telle ou telle puissance, lui avait lu ses mémoires et mémorandums, ses proclamations et déclarations. Il lui avait détaillé la composition actuelle du cabinet et cité les nouveaux membres du Conseil National de l'Etat, insistant particulièrement sur les différences entre les SR[217] géorgiens et les socio-démocrates géorgiens, entre les socio-démocrates géorgiens et les nationaux-démocrates géorgiens, et enfin entre ces derniers et un jeune groupe du nom de « Prométhée ». Il avait instruit Jan de la situation agraire en Géorgie, de la question arménienne. Jan avait gardé le souvenir que jadis, il y a longtemps, les Géorgiens massacraient les Arméniens — ou le contraire ? Uwaliszadze expliquait, expliquait encore et encore... Il en était résulté un brouillard dans la tête de Jan, que même l'effet bienfaisant du café noir qu'on lui avait préparé (à la géorgienne) ne pouvait dissiper.

Mais la tombée de ce brouillard avait eu aussi son effet bénéfique : après avoir patiemment écouté pendant deux heures l'exposé des travaux les plus récents du gouvernement, de la reconstitution du cabinet, des changements d'affectation aux différents postes, des séances du Conseil National, etc. — Jan s'était fait à l'idée qu'il avait devant lui

---

[216] Résidence officielle du Président de la République de Pologne.
[217] SR : initiales du parti social-révolutionnaire.

un chef de gouvernement, que ce gouvernement avait un Etat, des missions, des tâches, des difficultés, lot habituel d'un gouvernement. En lieu et place de la personne à qui il avait rendu visite, à savoir l'avocat A. W. Uwaliszadze de Tiflis — se révélait maintenant un tout autre homme, dont il venait de faire la connaissance : le premier ministre Uwaliszadze de Paris.

Dans un dernier sursaut de conscience, il avait demandé :

— Bien, mais dites-moi, *Excellenc*e (Uwaliszadze gobait sans grande difficulté ce titre), comment se fait-il qu'il y ait un Etat géorgien indépendant ? Il n'existait pas avant-guerre...

Uwaliszadze avait pianoté de ses petits doigts potelés.

— C'est très simple. Il n'y avait pas de Pologne non plus avant-guerre...

Jan n'avait pas apprécié cette comparaison qu'il avait trouvée spécieuse.

— La Pologne — dit-il — a proclamé son indépendance...

— La Géorgie — frétilla Uwaliszadze — a de même proclamé son indépendance ! Nous ne voyons pas de raison à ce que le point de Wilson[218] relatif à l'autodétermination des peuples fasse abstraction du nôtre, si ancien, combattant depuis si longtemps pour la liberté des peuples... Ce qui est bon pour les riverains de Vistule l'est aussi pour ceux du Terek[219]. Du reste le Gouvernement provisoire du prince Lwow dans sa proclamation de mars 1917... De même que la résolution du Conseil des Commissaires du Peuple de janvier... Le discours de Lénine. Les fondements juridiques en vertu desquels Varsovie, Helsinki, Tallin, Riga ou Kowno[220] purent déclarer leur volonté de sortir de l'ancien Empire tsariste de Russie, sont absolument les mêmes

---

[218] Le président américain Woodrow Wilson (1856-1924) avait proposé en janvier 1918 un programme en 14 points pour mettre fin à la Première Guerre mondiale. Le treizième prévoyait la création d'un Etat polonais indépendant.
[219] Fleuve prenant sa source au nord de la Géorgie actuelle et se jetant dans la mer Caspienne.
[220] Aujourd'hui Kaunas en Lituanie, capitale de ce pays entre 1920 et 1940.

en vertu desquels la Géorgie... Seule la réalité des faits... Vous, vous avez eu de la chance. Mais pour ce qui est du droit des peuples...
Jan avait été submergé par la logique des arguments juridiques, regorgeant de dates et de citations.
— Mais la Pologne a été reconnue par les puissances — se risqua-t-il.
— Et la Géorgie, peut-être pas ? — demanda Uwaliszadze avec un étonnement aussi sincère que si l'on doutait de sa virilité.
Une fois de plus Jan dut avouer sa grande ignorance. (« Ah, vous les journalistes occidentaux — déplorait Uwaliszadze — vous ignorez les choses les plus évidentes à notre sujet ! Et pourtant vos intérêts... ») Une fois de plus il avait dû écouter un long exposé documenté. Uwaliszadze était un ennuyeux rapporteur des jeux de partis en coulisse, un correct narrateur historique, mais c'est surtout sur le plan juridique qu'il démontrait sa force. Uwaliszadze avait présenté succinctement à Jan — car en moins d'une heure — l'histoire des rapports noués par les principales puissances avec le gouvernement provisoire de la république indépendante de Géorgie (« il y eut aussi chez nous la question monarchique — fit-il remarquer — mais nous l'avons réglée à temps pour ne pas irriter l'Occident démocratique. D'ailleurs, il n'y avait pas de candidat valable, et en revanche pléthore de non valables »). L'Entente s'intéressait beaucoup à nous. — Il leva les yeux d'un document. — Je peux vous assurer qu'il fut un temps où elle s'intéressait à nous, au Caucase, beaucoup plus qu'à vous, la Pologne. Il avait parlé des missions envoyées ici et là, des relations diplomatiques. Accédant à une étagère, il y récupéra un tome relié des comptes-rendus officiels de la Ligue des Nations et montra à Jan les représentants des républiques populaires d'Ukraine, de Crimée, de Géorgie, d'Azerbaïdjan, et même du Kouban. A leurs côtés étaient assis les représentants de la France, de la Suède, de l'Italie, de l'Espagne. Tous entre égaux. Le tome devait dater de l'année 1925.
— Bien, mais comment se fait-il qu'aujourd'hui... — avait fini par demander Jan.
Ce chapitre de l'exposé du Géorgien fut malheureusement assez

bref. L'armée de volontaires de Géorgie (tout comme les autres armées de la fédération caucasienne) ne parvinrent pas à stopper la déferlante de l'Armée Rouge (« Que voulez-vous : nous sommes à peine deux millions... ») Les débarquements ne l'arrêtèrent pas non plus. Notre gouvernement, l'assemblée, les chefs politiques et militaires se réfugièrent sur des navires alliés : le croiseur « Independence » nous amena à Toulon. Depuis lors, nous sommes ici.
Il soupira.
— Cela va faire douze années !
Pendant un instant le visage replet, mobile et animé du premier ministre émigré se voila de tristesse et cette tristesse apparut à Jan plus convaincante et authentique que la plus convaincante des argumentations d'Uwaliszadze. Mais le Géorgien ne tarda pas à se reprendre et l'instant d'après exposait à Jan avec son ancien entrain l'héroïque résistance à l'occupant du peuple géorgien tout entier, leur vie réfugiée dans la clandestinité, leur attente, comment dans les montagnes et les aouls[221]... Il évoqua un soulèvement survenu en mai, un autre qu'il appelait « soulèvement de septembre », et encore un troisième que, pour changer, il appelait « tiflisien ». Mais Jan s'étonna sincèrement :
— Pourquoi n'y a-t-il rien là-dessus dans les journaux ?
Uwaliszadze avait soupiré d'impuissance et était reparti vers ses étagères. Il n'en ramena pas moins de trois classeurs. L'un d'eux, le plus épais, contenait des articles de presse de l'« Agence Prométhée ». Jan n'avait jamais entendu parler jusqu'à présent de cette agence, mais se douta qu'il s'agissait de l'agence officielle de ces républiques indépendantes du Caucase. Effectivement, l'« Agence Prométhée » avait son siège pas plus loin que dans la pièce d'à-côté. Uwaliszadze avait montré à Jan cette riche documentation que ladite agence délivrait à la presse mondiale. Un tome séparé permettait de se faire une idée de ce que celle-ci en avait retenu. D'après les coupures, Jan se rendit compte que la presse mondiale accordait extraordinairement peu d'intérêt aux

---

[221] Villages ou campements de montagnards du Caucase.

heurts et malheurs du Caucase.
— Aujourd'hui, ils ne veulent pas nous connaître. — Uwaliszadze avait haussé les épaules. — Ils ne veulent pas, voilà tout. On fait ce qu'on peut. Ils ne veulent pas.
— Mais ils vous soutenaient au début ? — interrogeait toujours Jan.
A cet instant la vieille demoiselle était apparue à la porte, avait dit quelque chose en géorgien à Uwaliszadze, celui-ci lui baragouina quelque chose en réponse et l'instant d'après un autre Géorgien fit son entrée dans la pièce. Il était plus jeune et plus enveloppé qu'Uwaliszadze, portait un complet noir à larges rayures blanches et de grosses bagues aux doigts. Ses cheveux noirs étaient luisants de pommade. Uwaliszadze le présenta avec un flot de superlatifs, dont on pouvait déduire que le nouvel arrivé occupait déjà des positions importantes dans la vie politique géorgienne, et sans aucun doute en occupera encore de plus importantes à l'avenir, L'arrivant ne s'étonna pas de la présence de Jan, de ses origines et de ses questions. Sans doute savait-il qu'il le rencontrerait en ces lieux. Uwaliszadze entretemps continuait à répondre :
— Vous demandiez si on nous soutenait ? Pouvait-il en être autrement ?! On nous envoya des missions, accorda des prêts à notre gouvernement, nous appuya par des débarquements. Les premières années, nos institutions et notre gouvernement étaient reconnus, soit *de jure* soit *de facto*. A Paris, à Genève, à...
— Mais grâce à quoi ? — demanda Jan.
Uwaliszadze avait souri.
— Voyez-vous, les puissances de l'Entente à l'époque étaient terrifiées par le bolchevisme, mais voyaient en même temps la décomposition de l'armée blanche. Ioudenitch, Denikine[222]. A leur différence, les mouvements nationalistes baltes ou caucasiens étaient

---

[222] Généraux russes ayant combattu à la tête des troupes « blanches » le pouvoir soviétique issu de la révolution d'Octobre.

démocratiques. Ce démocratisme à la géorgienne... Ah, si nous avions été encore plus démocratiques à l'époque...
— Le pétrole ! — l'interrompit assez grossièrement l'arrivant.
Uwaliszadze sourit.
— Mon ami, que j'estime beaucoup, a sur ces affaires son point de vue personnel. Lui explique tout par le pétrole... moi par la démocratie...
La discussion s'était poursuivie, se transformant en un dialogue entre les deux Géorgiens. Ils présentaient le cours des évènements de manière assez similaire, mais chacun en donnait des raisons différentes. Uwaliszadze insistait sur la catastrophe que fut pour la cause géorgienne la défaite de la Grèce en 1922, lorsque les armées du roi Constantin de Grèce furent mises en déroute après s'être aventurées à l'intérieur de l'Asie Mineure ; la Grèce était soutenue à l'époque par une certaine grande puissance[223]. L'arrivant ajoutait ironiquement que c'est justement à ce moment-là qu'on découvrit des gisements pétrolifères dans un certain Irak. C'est cela, et non la défaite de la Grèce, qui avait diminué l'intérêt pour le sort de la Géorgie. Uwaliszadze déplorait le remplacement de grands premiers ministres démocratiques comme Clémenceau puis Lloyd George par d'autres, médiocres et faisant preuve de moins de compréhension ; l'arrivant rattachait ce nouvel échec de la Géorgie à quelque obscur conflit à propos du pétrole vénézuélien. L'un assénait des noms de puissances et de premiers ministres, le second — des noms de trusts pétroliers et de rois du pétrole. Uwaliszadze avait montré une étagère.
— Vous reconnaissez ces gens ? — demanda-t-il en souriant.
Jan n'avait pas besoin d'être journaliste pour les reconnaître. C'était une brochette d'hommes d'Etat européens des années 1918-1922, et même 1924, dans différentes poses, figurant sur toutes sortes de photographies, avec diverses dédicaces, mais toujours adressées à des Géorgiens : *A S. EX. le Président... Un ami, Hommage à la*

---

[223] Le Royaume-Uni, en l'occurrence.

Géorgie. Souvent aux côtés de quelque notabilité européenne figurait, visiblement, quelque notable géorgien : et c'est ainsi que Jan reconnut Uwaliszadze en compagnie de Poincaré[224]. Il ressortit une série de tomes reliés en maroquin et les donna à feuilleter à Jan, année après année. On y trouvait collées des dépêches échangées à l'occasion de fêtes nationales, d'accessions au trône, de prises de fonction et autres occasions similaires. Les années 1918-1919 se présentaient superbement. L'année 1920 fut proprement impressionnante. Les chefs d'Etat et de gouvernement envoyaient leurs meilleurs vœux à la Géorgie, l'assuraient de leur profonde amitié, étaient émus au-delà de toute expression, agréablement touchés, remplis de sentiments chaleureux. Le monde entier cette année-là se réjouissait de voir la Géorgie retrouver sa place dans le concert des nations. L'année 1921 fut encore bonne, et l'année 1922 potable. Mais les années suivantes souffraient de dépérissement. Il y avait de moins en moins de dépêches et elles étaient de plus en plus laconiques ; de plus en plus souvent adressées au nom, de la part, ou à la place de quelqu'un. Il n'y avait plus de rois, présidents, chefs de gouvernement, ni ministres des affaires étrangères. De cette lecture fastidieuse on ne pouvait que déduire à quel point le monde oubliait la Géorgie.

— La politique — disait Uwaliszadze.

— Le pétrole — corrigeait l'autre.

Ils se tenaient à présent à trois avec Jan devant la grande carte d'Europe, sur laquelle on avait fait ressortir au crayon le rectangle rouge du Caucase sur le fond vert de la tache russe. Et soudain les deux tombèrent d'accord :

— Nous étions si loin de cet Occident sur lequel nous comptions tant !

Mais l'instant d'après leur discussion s'était ranimée et Uwaliszadze avait exposé à Jan les détails de cette reconfiguration du

---

[224] Raymond Poincaré (1860-1934), Président de la République française et chef de nombreux gouvernements entre 1912 et 1929.

cabinet géorgien à Paris, lui avait parlé du projet de réorganisation des services diplomatiques, de nouvelles démarches et missions, et autres affaires moins brûlantes.
— Ce sera peut-être encore pour cet automne : j'ai un rapport très favorable de Constantinople — expliquait Uwaliszadze.
Son compagnon était moins optimiste.
— Je ne pense pas que ce sera avant avril de l'année prochaine : la concession de l'Universe Oil ne tombe qu'en mars...
Et les deux avaient pris congé de Jan :
— Alors vous nous rendrez visite dans la Tiflis libre ?
Mais Jan était un journaliste globe-trotter et, s'il n'était peut-être pas très familier des complexes affaires de la belle Géorgie, il était suffisamment au fait des mécanismes de la politique internationale pour savoir que ce ne serait ni cet automne, ni en mars de l'année d'après, ni en mars des nombreuses années à venir. Ceux-là en savaient peut-être incomparablement plus que lui au sujet de la malheureuse Géorgie, c'est vrai. Mais ils contemplaient ce coin de la carte s'étendant entre la mer Noire et la mer Caspienne au travers des verres épais de la nostalgie. Et ces verres multipliaient les espoirs et abaissaient les obstacles.

En dépit de ses assurances Jan ni ne revint ni ne rappela l'ami de son père. Deux fois, revenant à l'hôtel, il tomba le soir sur des billets signalant qu'Uwaliszadze avait appelé. En outre, un certain Géorgien l'avait attendu, voulant absolument le voir et, *en désespoir de cause*, avait laissé une grande lettre écrite en français au nom du Comité de Libération Pan-caucasien, informant qu'Uwaliszadze ne possédait aucun mandat pour représenter le peuple géorgien. Mais le lendemain il y avait une lettre d'Uwaliszadze à la tonalité chaleureuse et triste. « Je regrette de vous importuner, car je crains que vous n'ayez des possibilités autrement plus agréables de passer le temps dans cette ville, et cependant peut-être — en tant que fils d'un vieil ami — vous voudrez bien me faire une *faveur*. Je vous attendrai demain et après-demain à partir de trois heures de l'après-midi ». Jurant en son for intérieur, Jan s'était pointé le lendemain à trois heures.

L'OMBRE DE LA GEORGIE

— Je savais que vous viendriez tout de même — dit Uwaliszadze, confessant l'objet de sa démarche.
L'objet était tout simplement de faire une interview pour la presse polonaise. Jan donna son accord. L'ombre invisible de son père le rendait toujours enclin à succomber aux sortilèges géorgiens. Il rédigea l'interview telle que la souhaitait Uwaliszadze — mentionnant justement tous ces changements, remaniements, réaménagements et bien sûr les plans pour l'avenir. Et il envoya l'interview au seul journal peut-être à même de l'insérer dans ses colonnes — avec la conviction qu'il ne le ferait pas.
Mais il avait respecté la volonté de l'ami de son père.

Quelques années s'étaient écoulées depuis et Jan s'était rendu à Paris à plusieurs reprises, évitant à chaque fois soigneusement ces infortunés Géorgiens. D'ailleurs, des lettres, des mémoires, des bulletins et des feuilles de chou franco-géorgiennes, depuis ce temps le traquaient jusqu'à Varsovie, avec des titres du genre : « Le Caucase Indépendant » ou « La Géorgie — un peuple enchaîné ». Il se dérobait, mais avait honte ensuite de se dérober.
L'été 1938, pendant le séjour du couple royal anglais, Jan se trouvait à Paris. On ne sait comment — il se retrouva au Jardin du Luxembourg. Et là soudain, au milieu d'enfants voletant près des parterres tels de grands papillons multicolores, il vit un gros monsieur assez âgé, s'échinant à nourrir des poissons dans un bassin.
Il lui sembla le connaître lorsque ce dernier leva la tête. Lui aussi reconnut Jan.
— Ne craignez rien, nous pouvons bavarder un peu : je ne suis plus premier ministre !
Ils s'assirent sur un banc. Uwaliszadze avait réellement beaucoup vieilli : c'était déjà vraiment un vieil homme. Bien que n'étant plus premier ministre, il expédia en quelques phrases ses péripéties en tant que chef de gouvernement. Que faisait-il ? Il habitait aux abords de Fontainebleau. Dans une famille ouvrière géorgienne. Elle était originaire du même village que son père ; Uwaliszadze en 1924 leur avait

obtenu quelque chose en intervenant auprès de Poincaré ; à présent ils s'en sortent pas mal ; ils l'avaient accueilli pour le gîte et le couvert.
— Ils ne veulent rien accepter de ma part — se plaignait Uwaliszadze.
— J'ai même ma chambre personnelle, ensoleillée, à l'étage. Alors voilà, c'est simple : j'épluche les pommes de terre pour la cuisine avant que sa femme ne rentre du travail, et j'apprends le géorgien aux enfants. Pour qu'ils ne l'oublient pas complètement. Il y a un petit jardin, j'y ai installé des ruches ; j'en ai déjà quarante-huit. Il y en aurait davantage, mais l'année passée j'en ai perdu à peu près sept... Cela me procure un tout petit revenu, car la France en ce moment fait très attention à l'apiculture. On a besoin de cire pour l'industrie de guerre. Les abeilles demandent peu de soin. J'élabore pour l'Institut un lexique des dialectes géorgiens ; j'en tire des honoraires, modestes mais réguliers.

Jan ressentit soudain un accès de sympathie pour l'ancien premier ministre. Il l'invita à déjeuner.

— Pas aujourd'hui, pas aujourd'hui — répondit Uwaliszadze — je dois me dépêcher pour le train : j'ai à faire à la maison...

Jan ne demanda pas quelle sorte d'affaire à la maison exigeait la présence d'Uwaliszadze, mais il se mit d'accord pour un des jours suivants. Le soir, rentrant à l'hôtel en taxi, il remarqua que le conducteur venait du Caucase. Il lui demanda l'adresse d'un bon restaurant caucasien, puis, s'il connaissait Uwaliszadze.

— A. W. Uwaliszadze ? — demanda le chauffeur. — Non, mais je sais qui il est. Ici il était — je ne sais pas si vous le savez — quelqu'un comme notre président... c'est-à-dire premier ministre... Car nous avions ici comme un gouvernement en exil... Il existe même encore... Ah... — soupira-t-il. — Et cet Uwaliszadze, c'était encore un des meilleurs. Il ne s'en est pas mis plein la poche, ni ne s'est trompé tant que ça. Et il est parti tout seul.

Jan ressentit à nouveau de la sympathie pour Uwaliszadze et se fit une véritable joie de le retrouver deux jours plus tard. Le restaurant caucasien était effectivement un des meilleurs. Uwaliszadze reprochait qu'il coûtait cher, et que Jan — comme son père (Stanisław

Fadiejewicz) — jetait l'argent par la fenêtre, mais on voyait qu'il appréciait. Il parla de ses abeilles, des enfants de ses hôtes, de la cuisine géorgienne et il y avait en lui comme une tranquille, monacale dignité. Il ne se plaignait que de la vieillesse.

— Et donc — fit remarquer Jan — vous vous sentez mieux depuis le temps que vous avez cessé d'être premier ministre ?

Les petits yeux noirs d'Uwaliszadze irradièrent la joie.

— Oh oui — fit-il avec conviction. — Oh oui !

Et Jan, en tant que journaliste, ressentit une irrépressible envie de continuer l'interrogatoire.

— Et c'est pour ça précisément que vous êtes parti ?

Le visage d'Uwaliszadze se figea brutalement et devint presque sombre.

— Non — répliqua-t-il comme sur un ton mat, que Jan ne lui connaissait pas. — Je suis parti car j'ai cessé de croire.

— En quoi avez-vous cessé de croire ? Tout de même pas en la Géorgie ?

Uwaliszadze le foudroya du regard.

— Comment pouvez-vous... Jan Stanisławowicz, comment pouvez-vous vraiment... Non, monsieur. La Géorgie a été, est et sera, seul son développement peut être meilleur ou pire, plus ou moins complet... et même ça, ça dépend du point de vue et de la manière dont on voit les choses... Je ne reverrai certainement plus jamais la Géorgie et peut-être que d'autres ont mieux servi la Géorgie éternelle que moi, mais rien n'a pu, comprenez-vous, rien n'a pu saper ma foi en la Géorgie. Mais moi, Jan Stanisławowicz, je ne croyais pas seulement en la Géorgie. Je croyais aussi en l'Occident.

Uwaliszadze baissa la voix et par les fenêtres ouvertes du restaurant s'introduisait le tranquille brouhaha du soir parisien.

— Voyez-vous, Jan, nous deux sommes non seulement de deux peuples différents, mais aussi de deux générations différentes. Et de ce fait — comprenez-moi bien, j'insiste — de deux cultures distinctes. Votre culture, comme toutes les cultures européennes d'après-guerre, a été nationale. Vous n'avez pas eu de nounous françaises ni de modèles anglais pendant votre enfance, vos premiers livres n'ont pas été ceux de madame de Ségur ni *Alice au Pays des Merveilles*... Peut-être que j'explique ça de façon assez tordue, mais soyez patient. Moi je les ai eus. Moi à Tiflis, tout comme pleins de petits Roumains à Bucarest, de petits Russes à Kazan, et pourquoi pas de petits Turcs à Constantinople, élevés depuis l'enfance dans la culture de l'Occident. L'intelligentsia seulement, bien entendu, mais toute l'intelligentsia. Cela commençait par les paroles *Malbrouque s'en va-t'en guerre*, et finissait — finissait par Zola, France, Dickens, Kipling, Maupassant. Dites-moi, lorsque vous avez lu France pour la première fois, c'était une traduction, pas vrai ?

Jan réfléchit : il avait peut-être lu en tout et pour tout une seule chose de France, et il ne connaissait Zola que de nom ; il répondit :

— Oui, c'était une traduction.

— Justement. C'est pour ça que j'en parle. Ce monde occidental, il nous accaparait tous pratiquement au berceau, ne nous lâchait pas de toute la vie. Vous ne comprendrez pas ce que ça voulait dire. Les grands sujets qui occupaient alors l'Occident étaient aussi les nôtres. Ils nous passionnaient à distance de la même façon que les gens élevés dans la culture de l'Antiquité sont émus jusqu'à aujourd'hui par la défense de Socrate ou l'éloge de Périclès, prononcé, comme vous vous rappelez — non, vous ne vous rappelez certainement pas — aux funérailles des Athéniens tombés à Platées[225]. A Tiflis nous avons vécu l'affaire Dreyfus. A Tiflis. Il n'y a pas cela chez vous. Cela n'a pas été. Vous me pardonnez de m'expliquer si lentement, n'est-ce pas ?

— Je vous en prie...

— Non, non, je sais que cela doit vous paraître toujours aussi longuet. Vous en feriez, comme vous savez le faire, vous les journalistes, trente lignes ; non, peut-être seulement quinze. Et pourtant il faut le dire. Et rappelez-vous que cette Tiflis, où il y avait trois librairies françaises et où parvenaient toutes les nouveautés françaises, était pourtant

---

[225] En 430 av. JC (cf. Thucydide, Guerre du Péloponnèse, Livre II, 1, 35-46).

intégrée à la Turquie d'Abdul Hamid et à la Russie de Nicolas II. A deux tyrannies orientales d'autant plus répugnantes qu'elles étaient pourries jusqu'à la moelle. D'un côté les boucheries des Arméniens — de l'autre les pogroms de Kichinev[226]. Et alors cet Occident, où pour un seul officier condamné à tort toute l'opinion publique montait au créneau, cet Occident nous apparaissait comme quelque chose... — non, vous ne comprendrez pas ce qu'était l'Occident pour ma génération...

Jan commençait à comprendre.

— ... D'autant plus que nous ne connaissions pas l'Occident. Nous ne le connaissions pas personnellement. Nous ne le connaissions que par les livres. J'ai grandi avec *La case de l'oncle Tom*, ai mûri sous l'influence de Zola : que cet Occident était beau, généreux, noble ! Que j'avais horreur des éventaires ras-de-terre des margoulins de Tiflis, Arméniens, Grecs, Turcs, Juifs : eux tous — c'était ce monde de l'Orient, un monde de menteurs. D'éternels menteurs. Un monde qui ne tient jamais parole. Qu'il différait de ce bel Occident, toujours respectueux d'une parole donnée une fois pour toute, luttant pour la justice, prenant même la défense d'un seul individu, ayant tant de compassion pour les malheureux Arméniens et les Kurdes massacrés, pour les victimes de pogroms. Et... vous comprenez maintenant, lorsque le moment est venu, nous qui ne connaissions que ce bel Occident des livres, nous avons cru en lui.

Jan avait remarqué que le restaurant commençait à se vider, mais Uwaliszadze ne s'en apercevait pas.

— Ah, comme nous croyions en l'Occident ! comment ne pouvions-nous pas croire en lui ! Il nous répétait cela tant de fois ! Ils donnaient tant d'assurances et faisaient tant de promesses. Des gens on ne peut plus sérieux, des gens dirigeant les destins des peuples, des gens qui un jour figureront sur les monuments, débarquaient chez nous et

---

[226] Aujourd'hui Chisinau, capitale de la Moldavie, où deux pogroms, émeutes antisémites, eurent lieu en 1903 et 1905.

nous soutenaient. A l'époque, quand ça chauffait, ils ne demandaient pas si nous étions de très grands démocrates ou le contraire, si nous étions bons pour nos Arméniens ou pareils à Abdul Hamid, si nous nous appuyions sur une constitution en bonne et due forme, si nous étions des représentants légitimes — et de qui. Il n'en était pas question. On a commencé à en parler plus tard, lorsque nous ne pouvions plus, nous les petits, leur être utiles — à eux, les grands, et que nous étions simplement... des gêneurs. Comment ne pouvions-nous pas croire ? Vous aussi, Jan Stanisławowicz, qui n'avez pas grandi comme ma génération sous le souffle encore chaud de l'Occident, vous auriez cru... Comment n'aurais-je pas cru... Comment pouvais-je supposer à l'époque que... que le margoulin du bazar arménien lorsqu'il donne sa parole... cette... cette parole, même si c'est la parole du plus retors des margoulins arméniens, c'est tout de même une parole, et...

— *On ferme messieurs !*

Uwaliszadze, qui avait baissé la tête, la releva à ces mots. Au-dessus de lui se tenait le serveur français, l'air indifférent, s'impatientant quelque peu. De fait, le dernier couple de clients était sorti depuis longtemps et le serveur s'était déjà manifesté à plusieurs reprises, ce que Jan avait repéré, mais qu'Uwaliszadze n'avait pas remarqué. Ce n'est qu'à présent que le Géorgien regardait de dessous ses sourcils étonnés, de retour dans ce monde, le serveur parisien. Et il se leva, revenant brusquement à lui.

— *Ah, excusez-nous. Nous sortons.*

Ils descendaient lentement en direction de la Seine.

— Voyez-vous, c'était justement ça. La grande croyance de ma vie. La croyance de ma génération. La croyance en l'Occident. La croyance que nous inoculions, moi et mes semblables, à mon peuple. A mon peuple tragique. Nous l'inoculions alors du temps du tsar, et... et ensuite du temps de la révolution, au moment où les mondes là-bas étaient encore pareils à de la lave en fusion, susceptible de prendre toutes sortes de formes, comme l'argile à qui le sculpteur peut encore imprimer la forme qu'il souhaite. Et... nous inoculions ensuite cette croyance à partir d'ici également. A distance. Depuis l'Occident. Des centaines de milliers de gens, n'ayant jamais entendu parler ni de Madame de Ségur, ni de Dickens, ni de Zola, ne connaissant pas l'air de *La Marseillaise* et n'ayant jamais entendu le mot « *gentleman* », combattaient, mouraient et souffraient dans la lointaine Géorgie avec cette croyance que nous leur avions inculquée. Avec cette croyance que l'Occident... Avec cette croyance. Et c'était à cause de nous ici. A cause de moi. Et cela, Jan, ... oui cela, c'est une terrible responsabilité. Et, voyez-vous, quand je n'ai plus été en mesure de croire, alors... je suis parti. Ma vie entière a pris fin avec cette seule et unique leçon...

— Quelle leçon ?

Mais Uwaliszadze semblait ne pas avoir entendu la question et poursuivait le cours de ses pensées :

— Parce que le peuple — comprenez-vous — c'est quand même quelque chose qui dépasse largement une génération. La durée de vie active d'une abeille — ce sont peut-être quelques semaines. Mais la durée de vie d'un essaim — c'est quelquefois des années et des années. Et je crains que ma génération d'abeilles n'introduise dans la ruche géorgienne ce singulier miel amer, à savoir qu'on ne peut plus jamais compter sur ces gens d'ici. Pour moi, élevé dans leur culte, ce sera une lourde décision, pour les plus jeunes, là-bas — peut-être pas. Mais il ne sera plus possible une seconde fois de faire croire aussi fermement ceux qui auront été aussi terriblement déçus. Vous allez hausser les épaules et dire : qu'importe au grand Occident la pauvre petite Géorgie ? Qu'est-ce que cette arrogance impérialiste chez ce vieil Uwaliszadze ? Et moi je vous répondrai par ce vieux proverbe français : même le plus fort a parfois besoin d'un plus faible que soi. C'est une vérité plus importante que vous ne le pensez. Et cette vérité peut justement s'appliquer à plus d'une Géorgie. Ils peuvent encore avoir besoin de nous un jour : mais ce jour-là, ils ne nous auront plus. On a pu nous rouler : on ne fera pas de nous des condottieri.

Il s'arrêta et répéta :

— Ils peuvent même avoir besoin de nous.

Et puis il corrigea :

— Et ils auront besoin !

Uwaliszadze, qui faisait penser à un vieux Français bonasse, jovial par moments, parfois triste comme à présent, soudain se métamorphosa. Devant Jan, dans la semi-obscurité d'un réverbère parisien, dans la lumière réfléchie par la Seine, se tenait maintenant quelqu'un au faciès différent, contracté, plus viril, plus farouche. Jan se prit à penser que tout le vernis de la culture occidentale n'avait pas éradiqué chez cet homme son Caucase et qu'à cet instant cet homme à l'élégant parler français, nourri de culture classique, n'était qu'un montagnard sortant de son aoul.

Dans le silence qui suivit ils entendirent le vrombissement de moteurs venant d'en haut. Dans cette chaude nuit parisienne volaient des avions, rares à l'époque.

— Des avions — dit Uwaliszadze — des avions... Et savez-vous que les Géorgiens ont d'excellents pilotes ? Savez-vous, j'ai parfois l'impression que j'entendrai encore le vrombissement d'avions géorgiens volant en V vers l'Occident, de même que chez nous les oies sauvages en automne volaient en V vers l'Iran. Oui, je suis déjà vieux. Mais pas au point de rater cela.

Cette nuit où il revivait ses souvenirs dans l'hôtel parisien, Jan rêva du vrombissement d'autres avions.
Leurs moteurs vrombissaient sourdement.
Les avions volaient vers l'Occident.

TABLE

L'AMERIQUE ENTRERA-T-ELLE EN GUERRE ? 13
VIS-A-VIS DE LA RUSSIE 21
SUR LE CHAMP DE BATAILLE EN NORMANDIE 33
POUR LA TETE D'UN ROI NEGRE 61
LA MADONE DE MIKUŁA 79
LE VITRAIL DU PARACHUTISTE 105
LE LIVRE-CADEAU 119
L'OMBRE DE LA GEORGIE 149

Photo de couverture : portrait de l'auteur en uniforme de sous-lieutenant, septembre 1942 (Narodowe Archiwum Cyfrowe)

© 2024, Ksawery Pruszyński pour l'original
et Richard Wojnarowski pour la traduction

Edition : BoD – Books on Demand, info@bod.fr

Impression : BoD – Books on Demand, In de Tarpen 42,
Norderstedt (Allemagne)
Impression à la demande
ISBN : 978-2-3225-4189-8
Dépôt légal : juillet 2024